AF357509

SENZA

En Marge
de la Vie de Lamartine

Souvenirs et Correspondance

de Ch. B. de Jussieu de Senevier. 1845–1867

PER ORBEM
4, rue Tronchet, 4
Paris

EN MARGE
DE LA VIE DE LAMARTINE

SENZA

———

EN MARGE DE LA VIE DE LAMARTINE

Lettres de Ch. B. de JUSSIEU de SENEVIER

PER ORBEM
4, rue Tronchet
PARIS

LAMARTINE EN 1848

Portrait inédit

En Marge de la Vie de Lamartine

« Le passé est aussi réel que le présent et l'avenir, ce sont trois phases n'en faisant qu'une dans le court ensemble de la vie. Pourquoi préférer celui-là si souvent agité, et celui-ci toujours un peu menaçant au premier qui peu à peu se dépouille de ses aspérités pour s'offrir à nous sous un aspect certainement mélancolique, mais non sans charme et plein d'enseignement. »

Charles-Bernard de Jussieu de Senevier qui au jour de l'épreuve écrivit cette réflexion est mort en novembre 1901. Dénué d'ambition, il a vécu simplement, laissant dans l'ombre des dons précieux, et n'a pas jeté sur le nom illustre qui fut le sien, un éclat nouveau. Esprit original et cultivé, doué d'une vie intellectuelle très grande, quant à la substance même de la pensée, et à la manière de la formuler, il joignait à de si remarquables qualités une sorte d'indifférence qui ne lui en faisait tenir aucun compte ; à vrai dire il doutait de leur valeur, et tournait en plaisanteries les éloges qu'elles lui attiraient. Aussi quoiqu'il aimât écrire, il se borna à ne le faire que pour des lettres, qui pour la plupart sont adressées à sa mère. Il lui écrivait jour par jour sa vie, et plus que sa vie; tout ce qui lui passait par l'esprit, et cela avec sincérité et simplicité. Ses lettres écrites en forme de journal sont intéressantes, car par sa position sociale il se trouva en rapport avec beaucoup de ses contemporains en vue, et par son mariage avec une des nièces de Lamartine, il eut le privilège de vivre souvent dans l'intimité du poète.

Ce passé qu'il trouvait tellement appréciable, qu'il revivait inlassablement parce qu'il avait été heureux, est contenu en partie dans les pages qui suivent, il ne manque en effet ni de charme, ni d'enseignement, c'est pourquoi nous croyons bien faire en le livrant au public. C'est le passé d'une jeunesse heureuse terminée au seuil de la maturité par une cruelle épreuve. Mais avant de la subir, des années entières s'écoulèrent pour lui pleines de bonheur — peu d'existences en comptent autant.

Charles appartenait à cette famille Jussieu où

la science paraissait héréditaire. A titre exceptionnel elle donna cinq membres du même nom
à l'Académie des Sciences de Paris. Ce furent
Antoine (1686-1758), Bernard (1699-1777), Joseph
(1704-1779), Laurent (1748-1831) et enfin Adrien
(1797-1853). Ces savants dont l'illustration scienti-
fique voile le côté nobiliaire étaient néanmoins de
bonne noblesse (1), mais s'en souciaient peu ; la
gloire des Bernard et des Laurent leur suffisait.
Depuis le XVIIe siècle leur famille était divisée
en plusieurs branches; il y avait celle des Jussieu
et celles des Jussieu de Montluel, et Jussieu de
Senevier; toutes ajoutèrent à l'admirable lignée
des savants, d'autres descendants également dignes par leur intelligence et leur valeur morale
de faire partie de cette élite d'hommes supérieurs.

De ces grands oncles Charles tenait sans doute

(1) Le nom Jussieu et ses armoiries sont enregistrés dans le grand
armorial général manuscrit d'Hozier, conservé à la Bibliothèque nationale de Paris. Il figure dans la première catégorie, celle des familles
pour lesquelles il n'y a ni à contester, ni à suppléer. Les Jussieu possé-
dèrent de nombreux fiefs dans le département du Rhône. Le Comté de
Montluel engagé successivement par la couronne au duc de Biron, au
duc de Bellegarde puis à la maison de Condé passa dans la famille de
Jussieu qui le possédait encore en 1789. Les Jussieu refusèrent toujours
assez fièrement d'ajouter un titre à leur nom.

l'attrait qui le portait curieusement vers toute science, mais ses goûts différaient totalement des leurs. Aux recherches scientifiques, minutieuses et absorbantes, une exubérance de vie lui faisait préférer la chasse, les courses interminables à pied où à cheval; essentiellement sportif, il lui fallait du mouvement et de l'espace. Malgré ce besoin d'agitation, il était fort instruit grâce à de bonnes études, complétées par d'innombrables lectures. Il n'oubliait guère ce qu'il lisait, sa mémoire étant excellente, ce qui l'aida pour acquérir sans peine une instruction basée sur les connaissances les plus diverses, et les plus étendues. Cependant, en 1845, époque à laquelle commencent ses lettres, il n'était qu'attaché surnuméraire au cabinet de M. Guizot — situation modeste pour ses vingt-quatre ans — mais confiant dans l'avenir, il ne s'en tourmentait pas, et paraissait né sous une étoile particulièrement privilégiée. Un physique charmant, une santé superbe, un père, une mère et une sœur l'adorant, des amis nombreux étaient autant de bienfaits dont Dieu l'avait comblé. A lui voir une vie aussi douce e` facile, on s'étonne en lisant sa correspondance qu'il y soit parfois question d'accès de spleen et de crises d'hypocondrie dont il se plaignait souffrir. Il convient de se souvenir qu'au temps de l'adolescence de Charles, le culte d'une mélancolie larmoyante et plaintive sévissait dans la littérature et par elle dans la société. De grands écrivains tel que Chateaubriand, Vigny, Bernardin de Saint Pierre, Sainte-Beuve abusaient de cet état d'âme déprimant et maladif. Lamartine reconnaîtra un jour, qu'ils avaient ainsi que lui fondé l'école des larmes (1). Il est naturel qu'élevé à cette école, la jeunesse d'alors en ait subi l'influence — qui ne fut que passagère en ce qui concerne Jussieu. — Il est à remarquer qu'en avançant dans la lecture de ses lettres on n'en retrouve plus trace; elle fait place à des sentiments autrement élevés et consolants.

Au reste, il ne parait pas que l'on pratiquât la mélancolie au Ministère des affaires étrangères où rayonnait une pléiade brillante de jeunes attachés qui compensaient la froideur et la raideur de M. Guizot par une bonne camaraderie

(1) « Entretien littéraire », XXIII, page 45.

et de joyeux propos. Sous des apparences parfois légères les amitiés se nouaient entr'eux solides et durables, Jussieu en fit l'expérience, la plupart de ses camarades lui furent des amis dévoués et fidèles. Le plus cher d'entre tous était pour lui Ch. de Montherot, un neveu de Lamartine qui devint plus tard son cousin par alliance. Il y avait encore Bourgoing — un ami d'enfance celui-là — et puis Bondy, Ségur, Beauval; Chateaurenard et tant d'autres qui contribuèrent à rendre inoubliable ce stage auprès de M. Guizot. Stage qui fut long et pas toujours agréable mais qui n'en laissait pas moins à ceux qui le subissait un nostalgique souvenir quand ils se trouvaient au loin dans quelque poste plus ou moins attrayant; trois ou quatre de leurs lettres conservées parmi celles de Charles témoignent de ces regrets qui s'égarent aussi quelquefois, jusqu'aux ombrages en fer blanc du bal Mabille, à l'Hippodrome, et aux autres plaisirs de Paris sous le roi Louis-Philippe.

Au mois de mars de cette année de 1845, M. Guizot chargea Jussieu en guise de faveur de porter une dépêche secrète à M. Bresson, Ambassadeur de France à Madrid. On peut s'imaginer avec quelle joie le jeune homme accepta cette mission ! Un voyage en Espagne accompli dans de bonnes conditions avait tout pour le charmer. Il n'avait guère voyagé jusqu'à ce jour, sinon pour aller faire quelques courts séjours au Tréport avec son père (1) quand celui-ci se rendait l'été auprès du roi qui le tenait en grande estime, ou bien pour prendre part dans les environs de Paris à quelques parties de chasse. Etait-ce même voyager cela ? Il partit joyeux, fier de s'en aller en pays étranger, mais non sans ressentir une certaine émotion en se séparant de sa famille, de sa mère surtout, dont il se représentait les inquiétudes causées par son absence. L'Espagne paraissait bien lointaine à cette époque de malles poste et de diligences, il y avait à craindre les accidents de la route, les mauvaises rencontres, sans oublier aussi les troubles politiques car c'était un pays agité... l'imagination d'une mère portée à s'inquiéter n'a pas de limite, il le

(1) Député de Paris 1337-43. Secrétaire général de la Seine, maître des requêtes au Conseil d'Etat, 1793-1866.

pressentait et s'en tourmentait. Pour tâcher de la rassurer, il promit de lui écrire le plus souvent possible, et il devait tenir cette promesse si complètement qu'il prit l'habitude à chaque séparation de lui faire parvenir de longues lettres qui forment, ainsi que nous l'avons dit, un véritable journal.

Tout d'abord son voyage manqua d'agrément. Il fallait plus de trente heures pour arriver à Bordeaux, la route lui parut longue et monotone. C'était jour de foire dans le Poitou ; la rencontre de charrettes contenant des chevreaux les pieds liés, et de veaux la tête pendante lui déplut, et il trouva la population fort laide. A Poitiers un compagnon de diligence nommé Lajoie, mais qui par contre paraissait lugubre, le pria de vouloir bien payer le total du déjeuner pris en commun— parce qu'il devait, disait-il, écrire à sa femme. Il oublia volontairement ou non, de rembourser sa part au jeune attaché qui se promit d'être moins complaisant à l'avenir. Il trouva la pluie à Bordeaux, et constata que dans la hâte du départ il avait oublié son parapluie ainsi que d'autres objets nécessaires à sa toilette. Il remplaça ceux-ci, mais fit l'économie du parapluie, soutenu qu'il était par l'espoir de trouver bientôt le soleil.

Le lendemain tout alla mieux. Il partit pour Bayonne, et dans cette ville, il retint sa place en malle poste pour Madrid. Elle ne coûtait que 500 réaux soit 142 francs, 50 centimes. Le jour suivant fut un merveilleux dimanche de printemps, le soleil étincelait dans un ciel d'azur, l'air était léger, les pêchers couverts de fleurs. Jussieu subit le charme de la nature nouvelle, il trouva le midi délicieux ; les landes mêmes qu'il avait traversées la veille lui parurent fort calomniées. « Ce sont, écrivit-il, de grandes forêts de pins que je trouve à mon gré », et il commença à être dans l'enchantement de tout ce qu'il voyait (1). Deux jours après il arriva à Madrid, et s'empressa de faire part de ses impressions à sa mère.

Madrid, 2 Avril 1845

Ma chère maman,

« Me voici depuis hier soir à Madrid. J'y suis arrivé à huit heures, la ville est bien éclairée,

---

(1) Tous ces détails sont pris dans la correspondance.

quoiqu'à l'huile. Elle est d'un aspect ravissant. Les femmes dans ce pays-ci ont une toilette particulière qui de loin leur donne l'apparence d'être en dominos, de sorte qu'il semble quand on arrive aux lumières qu'on entre dans un bal masqué. J'ai fait le voyage de Bayonne à Madrid dans le coupé de la malle poste avec un gentil-homme anglais (comme le dit son passeport) qui était chargé de porter les dépêches à Mr. Bulwer (1). Nous n'avons pu trouver pour nous loger cette nuit qu'une chambre à deux lits dans un hôtel nommé " Hôtel Pencinselare ". Comme j'ai trouvé que l'entente cordiale ne suffisait pas à rendre agréable ce trop grand rapprochement, je me suis mis ce matin en devoir de me procurer une chambre pour moi seul. J'en ai trouvé une d'où je vous écris, elle est d'une majesté qui m'épouvante pour ma bourse, et je compte avoir au sujet de son prix une explication avec mon hôte qui parle assez bien français. Mr. de Guitaut était avec moi quand je l'ai retenue, aussi je n'ai

(1) Bulwer (sir Henry litton carle) né en 1804, frère aîné du célèbre romancier Litton. Il représenta son pays aux Etats-Unis et en Toscane. Mort en 1875.

pas osé paraître trop économe, quoique je me réserve in-petto, de faire toutes les économies possibles (1). Hier soir, je me suis rendu à l'ambassade de France sous l'escorte d'un individu qui me montrait la route Mr. Bresson qui est souffrant était déjà couché, alors je suis rentré. Je suis donc parti ce matin témérairement tout seul pour me rendre au Palais d'Ossuna où l'ambassade s'est transportée depuis deux jours. Je croyais n'avoir pas besoin de guide, mais hélas je comptais trop sur ma mémoire, car ce n'est qu'après avoir erré trois quarts d'heure que j'ai trouvé la susdite ambassade. Mr. Bresson m'a fort bien reçu, et pendant que j'étais là d'autres dépêches apparemment moins importantes que la mienne, parties le même jour que moi, sont arrivées par la poste, ce qui prouve à quel point je suis nécessaire à l'état.

« On ne peut s'imaginer un plus beau pays que l'Espagne ni une température plus agréable. Si ce n'était à cause de vous je ne quitterais plus Madrid de toute ma vie. Paris n'est qu'un marécage comparé à cette capitale si propre, si sèche,

(1) Il ne faisait des économies que pour donner, étant la générosité même.

humectée de temps en temps par des pluies chaudes comme celles de nos jours d'été. Je n'éprouve pas un grand regret de ne pas savoir l'espagnol, je m'applaudis d'avoir toujours été paresseux pour apprendre les langues étrangères, je vois qu'on peut se passer de savoir celle du pays dans lequel on se trouve quand on est dans une certaine situation, et appeler ignorant ceux qui ne savent pas parler la vôtre.

« Je compte aller voir l'endroit où on a fusillé Diego Léon, il a laissé dans tous les souvenirs la réputation d'un héros. Les Espagnols sont une race superbe ; c'est par les populations des campagnes plus que par celle de Madrid qu'on peut en juger. Les hommes ont l'air fier et coupe jarret, quant aux femmes je voudrais que M. de Lamartine les voit, lui qui aime à regarder jouer au volant les petites portières de Paris, il serait bien plus satisfait en voyant la tournure fine et gracieuse des plus simples paysannes. Je ne sais s'il compte écrire pour moi à Mr. Martinez delle Rosa (1) sa lettre arrivera peut-être trop tard. Je

---

(1) Martinez della Rosa, né à Grenade en 1789. Professeur, poète et homme politique remarquable. Il fut ambassadeur à Paris, puis à

dine ce soir chez les Bresson, avec Mr. de Guitaut Cominges qui m'a aidé ce matin à retrouver mon hôtel, car imaginez-vous, que ne pensant pas du tout à une difficulté de ce genre, je suis sorti sans même m'informer du nom du mauvais hôtel dans lequel j'étais arrivé hier soir éreinté par cinq jours et cinq nuits passés en voiture. Quand Mr. Bresson m'a demandé où j'étais descendu, je lui dis : " Hôtel de Paris " pour ne pas avoir l'air d'un imbécile qui ne connaît même pas sa demeure. Mais quand j'ai voulu y retourner, accompagné de M. de Guitaut, il m'a été impossi le de retrouver ni la rue, ni l'hôtel. Nous avons été obligés d'aller trouver M. Bulwer auquel j'ai demandé l'adresse du gentilhomme anglais mon compagnon de voyage, adresse qui était aussi la mienne.

« Je me suis bien reposé de mon voyage, mais hier j'étais si fatigué que je pensais avec ennui à la nécessité de refaire cette longue route et de retraverser le Poitou. En entrant en Espagne on

Rome en 1840 et 1843. Après la restauration de Marie-Christine il fit partie du cabinet Nawaez et en sortit président du Conseil en 1846. Il fut de nouveau ambassadeur à Paris et revint en Espagne y tenir un rôle important. Mort en 1862.

jouit d'un des plus beaux spectacles que la nature puisse donner. Ce sont les Pyrénées baignées par l'Océan. C'est le cas de se décider entre la mer et la montagne. Eh bien ! je préfère décidément la mer. Mais adieu, chère maman, ce soir en rentrant vous ne m'apporterez pas l'eau de gomme, il y a loin de la bouteille à ma bouche ! C'est mélancolique à dire, je suis pourtant bien aise d'être un peu seul à l'étranger vivant à mes crochets. Je trouve la chose comme aussi salutaire qu'elle me paraît pénible. »

3 Avril 1845.

« C'est un peu pour passer le temps que je vous écris aujourd'hui, car je désapprouve hautement en principe une correspondance quotidienne. Il est impossible de sortir, grâce à l'horrible temps qu'il fait. Comment aurais-je pu croire après avoir subi les hivers de Paris, arriver en Espagne pour voir tomber la pluie ! J'en suis vraiment affligé, et je crois que nous touchons à la fin du monde par refroidissement de la terre. Ici les

arbres sont encore des balais, que doit être le
jardin de la rue de l'Ouest (1). Hier le vent du
nord a soufflé tout le jour comme à Paris, et pour
aller diner à l'ambassade j'ai été obligé de me
drapper dans mon caban comme un hidalgo. J'ai
rencontré les deux reines. La reine Isabelle ne
m'a pas paru mal, autant que j'ai pu en juger par
un rapide coup d'œil. Il y avait plusieurs personnes à diner chez Mr. Bresson, entr'autres un
sénateur Mr. Amoldovar (2) quand on lui dit
qui j'étais, il m'a fait beaucoup d'amabilités, et je
crois que si je voulais me donner la peine de
faire des visites et de me faufiler tant soit peu,
je serais merveilleusement accueilli. Devinez ce
qui rend les Jussieu si populaires en Espagne...
c'est mon oncle Alexis (3). Il y a cinq ou six ans

(1) Où habitaient ses parents.

(2) Almodovar (don Sidefouso Dias de Ribera comte de) général et
homme politique. En 823 il dut quitter l'Espagne par suite des évènements (le rétablissement de l'absolutisme) et s'en aller en exil. Il se
réfugia en France et y resta jusqu'à la mort de Ferdinand VII. A son
retour il entra aux Cortès, et obtint les honneurs de la présidence.

(3) Maître des requêtes, préfet de cinq départements et directeur de
la police générale du royaume,

comme vous le savez, il florissait à la direction
de la police du royaume, à cette même époque
où les Christinos qui roulent carosse aujourd'hui
dans les rues de Madrid promenaient leurs vieux
habits sous l'œil de la haute police. Mon oncle
s'est trouvé à même par sa position de rendre
plusieurs services à ces victimes des vicissitudes
politiques qui lui en restent reconnaissantes. A sa
place, je demanderais la grandesse ! Nous sommes
donc au mieux Mr. d'Almodolar et moi, il m'a
demandé mon adresse, car il veut venir me voir.
Justement je viens de changer de chambre, j'en
ai une convenable il est vrai, mais qui n'a pas la
même somptuosité que la première, je la reprendrai si je vois que les grands d'Espagne veulent
venir à mon baise main. Après le diner, Mr. et
Mme Bresson m'ont mené à l'Opéra où nous
avons entendu le violon merveilleux d'Artaud.
Cette musique m'a fait plaisir. Plusieurs personnes
sont venues faire visite dans notre loge, entr'autres le capitaine général de Madrid, Mr. Mazza-
reno ; son père est venu après lui, et a apporté
des bonbons. On m'a montré le duc de Sarra-
gosse, le Soult de l'Espagne. J'ai aperçu dans une

loge le général Marwaez (I) j'ai profité d'un moment où nous étions seuls pour demander aux Bresson ce qu'on en pensait à Madrid. Mr. Bresson lui donne complètement raison, moi j'ai pris avec modération le parti de Mme de Tascher. Je suis disposé à donner raison aux femmes contre leur mari. Le soir à l'Ambassade je cause avec les notabilités du pays, et le matin à la table d'hôtes où je suis seul, je parle avec les serviteurs. L'opinion des petits sur l'état des choses, est bien différente de celle des grands. Les puissants sont contents, et jurent que tout est pour le mieux dans le meilleur des mondes possibles (ainsi que fait Mr. de Mackau quand il est ministre) les autres qui voient l'ordre renaître et n'espèrent plus trouver dans les événements désastreux la réalisation d'espérances devenues impossibles, sont tristes et abattus, et il faut avouer que ce découragement est un excellent symptôme et pour ma part je crois l'Espagne sortie de ses pénibles embarras.

(I) Le maréchal Marwaez, duc de Valence. Il avait épousé Mlle de Tascher (1800-1868).

« Je dîne encore ce soir à l'Ambassade, demain on y donne une soirée. Je ne sais si je serai invité à dîner, mais j'irai certainement à la soirée. La Société espagnole est paraît-il très agréable, tous ces hommes qui ont guerroyé dans les montagnes sont aimables et faciles dans les salons. On regarde ici le ministère en France comme perdu, vous pouvez penser comme je parle peu de ces sortes de choses, et reste extrêmement réservé dans mes paroles à ce sujet. Je me suis même fait la loi d'adopter toujours une légère teinte ministérielle. »

Le lendemain Charles reçut une longue lettre de sa mère (1) véritable chef-d'œuvre de tendresse et de sollicitude maternelle, Il est nécessaire de la joindre à cette publication qu'elle complète, en faisant connaître la femme charmante qui en fut l'inspiratrice.

« J'ai eu à peine le temps de te parler et de t'embrasser hier avant ton départ, mon bien aimé Charles, et je veux t'écrire ce matin afin que tu reçoives cette lettre presque à ton arrivée à

(1) Née Huillard de Bréole, d'une ancienne famille normande éteinte de nos jours.

Madrid. A Madrid ! c'est bien loin, mon pauvre cher enfant, je vais passer bien des jours sans aller te faire ma petite visite le soir dans ta chambre, et sans entendre ta bonne voix appeler Alexandre le matin. Ton père avait le cœur bien gros en rentrant, et je ne crois pas qu'il ait jamais le courage de te laisser aller t'établir à l'étranger, mais enfin il faudra se faire une raison, et ce beau voyage fait commodément, qui ne t'éloigne pas pour longtemps de ta famille est une chose assurément fort agréable pour un jeune homme. Je suis fâchée que tu n'aies pas d'uniforme, cela t'empêchera probablement d'être présenté à la reine, et j'aurais été bien contente qu'elle put juger de ta bonne mine, enfin mon enfant bien aimé, tâche de tirer le meilleur parti possible de ton voyage, pour ton plaisir, visite le plus de choses que tu pourras, aie le plus grand soin de ta santé, couvre-toi plutôt plus que moins, ne t'expose jamais à la fraicheur de la nuit. Sois bien prudent dans l'expression de tes opinions politiques et de tes idées sur ce cabinet-ci, ne fume pas trop, soigne bien ta toilette aussi. Je te supplie de ne pas prendre de bains froids, mais tièdes si c'est possible.

C'est un pays bien intéressant que l'Espagne, il est poétique et romantique. Mon bien aimé Charles, quand je me sens le cœur trop serré par ton départ, je me dis que nous avons désiré cette course pour toi, qu'elle te sera utile et qu'elle ne sera pas longue. La bonne Madame de Lamartine (1) est accourue hier, aussitôt qu'elle a appris que tu partais, elle voulait te dire adieu. Elle a beaucoup d'affection pour toi, et j'ai pu lui assurer en toute certitude qu'elle était réciproque. Son mari a trouvé mes confitures excellentes, il n'a pas voulu qu'on lui donne une cuiller pour goûter, et a trempé son doigt dans le pot et sucé après. L'en-fantillage a quelque fois beaucoup de grâce chez les hommes supérieurs.

« Il fait toujours le même temps triste et sombre, tu vas trouver le soleil là-bas, plaise à Dieu qu'il ne soit pas trop ardent ! Nos santés sont bonnes, mais non mes yeux "miei occhi" ! Je serais bien malheureuse s'ils me privaient jamais de voir le visage de mon cher Charles, et de ma Laure, c'est ce que je connais de plus beau dans la na-

(1) Madame de Lamartine née Birch, la femme du poète.

ture, maternellement parlant, bien entendu. Adieu mon bien-aimé. Je n'ai pas besoin de te demander de penser à nous. Adieu mon bon Charles. »

6 Avril 1845.

« J'ai reçu ce matin votre lettre chère maman, à laquelle était jointe celle pour le Mis de San-Felice. Je compte aller le voir demain. Mr. Bresson est souffrant et gémissant (1) il ne sort guère que pour les affaires urgentes, de sorte qu'il ne m'est pas d'un grand secours dans la journée, mais je trouve chez lui un emploi agréable de mes soirées. J'y dîne tous les jours, et je vois à l'ambassade ce qu'il y a de plus distingué dans la société de Madrid. Je suis obligé de faire toujours une belle toilette, et j'ai grand peine à tenir mes bottes vernies dans un état satisfaisant grâce à l'épouvantable temps qu'il fait, à la boue de cette ville, et à la distance qui sépare la rue d'Alcala

----

(1) M. Bresson se suicida deux ans après à Naples où il était ambassadeur 1788-1847.

où je loge, de l'ambassade de France. Il est presqu'impossible de se procurer un fiacre, et quel fiacre! Et il coûte cinq francs pour une course· Je suis allé hier visiter le musée où il se trouve encore de bien belles choses, malgré que le vieux Soult ait fait son choix. Près du musée, il y a une délicieuse promenade, le jardin du « Buen retiro » orné d'une magnifique pièce d'eau carrée, sur laquelle la reine se promène en bateau pendant l'été, on y « patine » en hiver! A quoi bon voyager! Depuis que j'ai traversé la Bidassoa, je n'ai eu qu'une journée de soleil.

« Il est possible que dans le courant de la semaine prochaine j'aille visiter l'Escurial avec Guitaut Comminge, beau-frère de Mr. Bresson, et attaché à l'ambassade qui ne le connait pas encore, car il n'y a que deux mois qu'il est arrivé de Berlin. C'est ainsi dans la carrière diplomatique, on coure constamment d'une extrémité du monde à l'autre, sans laisser nulle part trace de soi, si ce n'est parfois quelques dettes. On rompt avec les connaissances et les amis qu'on s'est fait dans un pays, pour all r en risquer de nouveaux dans un autre. C'est à peu près ce que me disait hier au soir Mr. Bresson. Et pourtant lui est arrivé à un très beau résultat, tandis que d'autres souffrent les mêmes inconvénients sans parvenir à l'obtenir. Pour moi je suis enchanté du voyage que je fais. Je pense que sous une foule de rapports il m'est extrêmement utile, indépendamment qu'il est fort lucratif, mais il me décide à ne jamais me fixer à l'étranger. Je suis maintenant dans la meilleure position qu'on puisse y avoir. Je parle donc très pertinemment et en connaissanc de cause, quand je déclare que je ne serais pas heureux si cette position devait durer, et si je devais me voir séparé de vous pendant des années entières. Il faudra nous arranger pour que cela n'arrive pas.

« Les Bresson ont conservé un bon souvenir de Montherot qu'ils ont hébergé à son passage à Berlin avec T... en 1843, mais je serais tenté de croire que T.. s'est moqué d'eux, ou leur a fait quelque trait, car Mr. Bresson n'a pas l'air enchanté de lui. J'entendais dire hier que la négociation de Mr. de Broglie marchait bien, au reste on regarde ici le cabinet de France comme bien malade. Je suis fort discret sur ce propos quand j'en parle, et c'est le moins possible. Mr. Bresson parait lui-même très dégoûté de la politique, et je crois qu'il donnerait volontiers sa qualité d'ambassadeur pour en avoir le revenu à lui. »

Le séjour à Madrid ne tarda pas à prendre fin, et le jeune attaché retourna auprès de sa famille qu'il comptait si bien ne plus jamais quitter pour de longues absences. Mais quel est l'homme qui dispose de l'avenir? Ce mystérieux inconnu qui l'emportera peut-être un jour là où il ne songeait, où il ne voulait aller, et qui lui apprendra à se contenter d'une réalité différente de ses rêves, et parfois même à la leur préférer. Telle devait être la destinée de Charles.

Dès le mois de Novembre de cette même année, il fut envoyé à Turin pour y porter encore une dépêche secrète. Après l'Espagne, l'Italie! Pays idéal qui dans la suite allait devenir pour lui une seconde patrie. La route qu'il devait parcourir avait cependant pour Jussieu un attrait autrement grand que celui d'aboutir à cette contrée délicieuse. Elle passait dans le voisinage de Monceau, château appartenant à Lamartine, qui lui parut instantanément le but le plus désirable de son voyage, non seulement pour rendre visite au poète ami de vieille date de son père qu'il admirait avec l'enthousiasme de sa jeunesse, mais pour y retrouver une charmante jeune fille à laquelle dans un cœur fidèle il gardait un tendre attachement. Il l'avait connue à Paris quand Mme de Cessiat, sœur de Lamartine, prenant en pitié la douleur causée à son frère, par la mort de Julia son unique enfant, avait placé auprès de lui pour égayer son foyer désert ses deux dernières filles, des jumelles nommées Cécile et Alphonsine (1) avec lesquelles Charles et sa sœur Laure, s'étaient liés par une de ces amitiés de l'enfance qui charment parfois la vie entière. C'était le souvenir d'Alphonsine de Cessiat qui l'attirait à Monceau où il savait que Lamartine résidait encore en cette fin d'automne. Mais forcé de vite accomplir sa mission, il alla directement à Turin, et passa à regret, là où il aurait tant voulu s'arrêter, tout en se réservant de le faire au retour.

A Pont-Beauvoisin, il confia à sa mère, dans un

____

(1) Alphonsine était la filleule de Lamartine.

court billet combien ce sacrifice lui avait été pénible. « Je passe le Mont Cenis dans la journée, ajoutait-il, il fait un temps superbe et aucune neige. C'est aujourd'hui la fête du roi (1) dans les Etats duquel je suis (et aussi la mienne). J'espère que vous parlez de moi en buvant votre champagne »

Arrivé à Turin, il écrivit :

Le 6 Novembre 1845.

« Voilà la première lettre que j'ai le temps de vous écrire depuis mon départ de Paris, car je ne compte pas pour lettres les petits mots écrits en courant le long de la route et qui n'étaient destinés qu'à vous rassurer sur ma santé et sur mon itinéraire. Je suis arrivé cette nuit à Turin et je me suis fait conduire dans un des meilleurs hôtels de la ville " l'Hôtel Feder " où on m'a installé à ma grande satisfaction dans une chambre très confortable. Je me suis jeté avec un bonheur inouï sur un

(1) Le roi Charles Albert (1798-1849).

bon lit, ce qui est facile à comprendre après cinq nuits de voiture ! Ce sont de bien beaux et bien grands aspects que ceux que l'on a, en traversant les Alpes (1). On ne peut se faire une idée des montagnes quand on ne les a pas vues. Je suis persuadé que la Savoie vous plairait extrêmement et que vous seriez dans un enthousiasme continuel de Chambéry à Turin. Sur le Mont Cenis, tout le long de la route se trouvent des maisons qui restent toujours ouvertes pour servir de refuge aux voyageurs dans la tourmente, et cette précaution est véritablement fort bonne, car il paraît qu'en hiver cette ascension n'est nullement agréable, ce dont je demeure profondément convaincu.

(1) Il les retraversa bien des fois dans sa vie, et vingt-cinq ans plus tard au sommet du Mont Cenis, il récitait les vers suivants de Chateaubriand qu'il se plaisait souvent à citer parce qu'ils évoquaient ses propres impressions de jeunesse :

> *Alpes vous n'avez point subi mes destinées*
> *Le temps ne vous peut rien*
> *Vos fronts légèrement ont porté les années*
> *Qui pèsent sur le mien*
> *Pour la première fois, quand rempli d'espérance*
> *Je franchis vos remparts*
> *Ainsi que l'horizon un avenir immense*
> *S'ouvrit à mes regards*
> *L'Italie à mes pieds, et devant moi le monde.*

Nous avions sept chevaux attelés ; ces affreux savoyards ont osé baptiser l'un d'eux du nom de Mr. Guizot et j'entendais le brutal postillon interpeller sans cesse cette malheureuse bête qui faisait pourtant des efforts inouïs, par ces mots : Hue donc ! Guizot, hue vieille charogne ! ce qui excitait mon indignation intérieure. Voilà pourtant, assurément le fait de la vraie gloire, arriver à être aimé ou haï par des espèces de sauvages qui ne savent pas trop souvent pourquoi est tel leur sentiment. Après cette réflexion qui n'est ni neuve, ni spirituelle je reprends ma narration. Je suis donc arrivé ici à la fin des fins, et je me suis couché. A mon réveil j'ai fait tout de suite ma toilette, ce qui m'a ennuyé parce j'aime à ne pas me presser le matin, et je me suis rendu à l'Ambassade dans la rue "della…" (1). J'y ai trouvé mon ami Bourgoing, qui m'a accueilli avec des formes bien autrement cordiales que celles de la simple amitié, car c'étaient celles de l'ennui qui voit arriver une distraction. Je suis allé ensuite chez Mr. le Comte Mortier (2) qui m'a reçu d'une

(1) Illisible.
(2) Le comte Mortier diplomate et pair de France, neveu du maréchal duc de Trévise.

façon on ne peut plus gracieuse ; il m'a immédiatement invité à déjeuner, opération qui n'a pu
avoir lieu qu'à près de deux heures, grâce à des
visites qui ont retenu l'ambassadeur. Après le
déjeuner nous sommes restés assez longtemps
tous les trois à faire la causette au coin du feu, et
j'ai été retardé par cette bonne hospitalité plus
avant dans la journée que je n'aurais voulu, car
j'ai manqué l'heure du courrier et cette lettre ne
vous arrivera que mardi prochain. Pendant que
j'étais ce matin chez Mr. Mortier, Mr. Vilain XIV
ministre de Belgique est venu le voir, il m'a présenté à lui ainsi qu'au ministre de Prusse, le
Comte de Redern, qui m'a aussitôt invité à venir
aujourd'hui à une soirée chez lui, après l'opéra
où je dois aller avec Bourgoing. J'ai trouvé à
Turin un ciel sombre et pluvieux tout pareil au
nôtre, j'espère jouir à Nice de quelques rayons de
soleil, il y a une malle poste Sarde, qui fait le
trajet en 26 heures.

« Je viens de dîner à la table d'hôtes en très
nombreuse compagnie. Mr. Mortier et Bourgoing
dînaient en ville. Demain je déjeunerai et dînerai
à l'ambassade. Bourgoing doit venir me chercher

ce soir à sept heures et demi pour me mener à l'Opéra et de là chez Mr. de Redern. Voilà Bourgoing, j'achèverai ma lettre demain...

« Je viens de me lever, et je m'empresse de terminer cette lettre, car une fois sorti je n'aurai guère de temps pendant le reste de la journée. Je suis donc allé hier à l'Opéra. La salle est petite mais élégante, et dorée depuis le haut jusqu'en bas. On cause plus qu'on écoute. On donnait un nouvel opéra dont la musique et l'exécution m'ont paru médiocres. Nous ne sommes pas restés jusqu'à la fin, et nous sommes allés chez le ministre de Prusse où nous sommes arrivés crottés, mais on ne se déshonore pas dans ce pays pour de pareilles minuties, les mœurs y sont simples et aristocratiques, et il y aurait une société véritable comme en France autrefois, s'il y avait un peu plus d'entrain, et plus de fortune. Quoique Turin soit moins loin de Paris que Madrid, quoiqu'on parle presque partout français, j'y éprouve peut-être plus le sentiment de l'étranger. Ce grand calme qui n'est nullement notre fort, cette absence de préoccupations politiques du peuple, cette impossibilité où l'on est de faire des tripotages d'argent engendrent beaucoup de repos et laissent la considération à qui la mérite (1) au reste je suis depuis trop peu de temps ici, et je n'y resterai pas assez longtemps pour pouvoir me faire une opinion à moi bien compétente. Je pense partir dimanche ou lundi pour Nice. J'ai grande hâte d'y être parce qu'il est intéressant pour moi de voir mon oncle, et qu'ensuite je suis déjà las de la pluie continuelle de Turin. Je suis bien désolé chère maman de vous envoyer pareil griffonnage, il me fait frémir pour vos yeux, et je la recopirais volontiers si j'en avais le temps. Bourgoing est charmant pour moi. Il a dit à Mme de Redern en me présentant à elle « que nous avions été tout petits en pension ensemble », j'ai trouvé cette manière naïve de présenter pleine de charme. Il me prie de le rappeler respectueusement à votre souvenir.

« On commence à être scandalisé dans nos ambassades des tripotages des ministres, et j'ai trouvé Mr. Mortier très sévère à l'article Guizot. »

---

(1) Depuis cette époque, Turin est devenue une ville industrielle, et a bien changé comme esprit, comme mœurs, et comme tranquillité.

Turin, 7 Novembre 1845.

« Je viens de quitter le comte Mortier et Bourgoing, ils étaient obligés de faire ce soir quelques
visites et Mr. Mortier m'a témoigné avec la plus
grande amabilité son inquiétude sur la manière
dont je pourrai employer mon temps jusqu'à
l'heure de me coucher. Ce n'est pas ce qui
m'embarrasse car quel emploi plus agréable puis-
je faire que de vous écrire. Je ne crains pas de
vous importuner en vous envoyant deux lettres
dans le même jour. Celle-ci d'ailleurs ne vous
arrivera que le lendemain du jour où vous aurez
reçu la précédente.

J'espère que vous ne passez pas comme moi
votre vie dans un nuage de brouillard et de pluie
d'autant plus désagréable qu'il me cache les
Alpes que l'on aperçoit ordinairement devant
soi dans les rues de Turin. Aussi je pars lundi
pour Nice dans la malle poste, pour le même
motif qui fait voyager les hirondelles, et pour
d'autres encore que n'ont jamais « ces pauvres
petites créatures » comme les appelle M. de

Lamennais et que moi, dans l'espèce, je qualifie avec mon style trivial, d'heureuses bêtes. Je me suis beaucoup promené dans la ville aujourd'hui avec Bourgoing, il m'a fort bien piloté, et a tenu à me faire manger à ses frais de délicieux petits gâteaux que nous avons fait passer avec un verre de vermouth. J'ai retrouvé sur une place, la statue de Charles-Emmanuel que vous avez vue exposée au Louvre en 1830. Je suis allé visiter la « rue Neuve » (1) où habitait Mme Bazyle. Elle était neuve du temps de Rousseau, les années commencent déjà à en brunir les maisons. C'est une des rares rues de Turin qui aient des boutiques. Mais elles n'ont plus de Mme Bazyle dans leur étalage. Pour achever mon pélerinage philosophique, je me suis fait conduire au Palais de Solar habité actuellement par le nonce. C'est un vieil édifice soutenu par des colonnes placées dans un vaste et sombre vestibule qui donne sur la rue, et par lequel passent les voitures pour arriver dans la cour dont la forme est circulaire, et au fond de laquelle se trouve une vigne que

(1) Maintenant, vià Roma.

l'automne a jaunie. L'aspect de ce bâtiment est mélancolique, on connaît tous les gens qui l'ont hanté il y a un siècle, comme si on venait de les saluer.

« Dans tous les souvenirs dont Rousseau est le centre, il y a du dégoût mêlé au charme, et de la tristesse dans l'ensemble. Grâce à Rousseau, je me suis crotté d'une façon extraordinaire, et j'ai dû rentrer à l'hôtel pour remettre de l'ordre dans ma toilette, de sorte que, quand je suis arrivé à l'ambassade, M. Mortier s'était mis à table depuis quelques minutes, en tête-à-tête avec Bourgoing qui avait l'air abattu de ne pas me voir arriver.

« Jugez de mes salamalecks : « Je vous demande un million de pardons Mr. l'ambassadeur, vous me voyez confus jusqu'aux oreilles. — Il n'y a pas de quoi, m'a répondu avec beaucoup de bonté Mr. Mortier : c'est moi qui dois vous faire mes excuses de m'être mis à table sans vous, mais je suis obligé de sortir ce soir. » Il a été fort aimable pour moi tout le temps du diner. Désormais je serai exact aux deux repas. Je trouve du reste un réel plaisir dans la société d'un ambassadeur aussi bienveillant. Il nous traite Bourgoing et moi de la façon la plus cordiale, et la plus gracieuse, et tous les jours nous restons longtemps ensemble à causer. Outre qu'il sait parfaitement les affaires dont il nous entretient, il a aussi un esprit piquant et gai, et le plus parfait naturel. Vous pouvez dire à Laure qu'on fait à l'ambassade le plus irréprochable des maigres, mais pourtant c'est un maigre exquis ! »

Turin, 9 Novembre 1845.

« Voici la dernière lettre que je vous écrirai de Turin, car je pars demain pour Nice à quatre heures de l'après-midi. J'espère y trouver poste restante beaucoup de lettres de vous, n'en ayant guère reçu depuis mon départ de Paris. Je devrais être « piqué ». mais je ne le suis pas du tout, je viens de passer une partie de la soirée au théâtre Carignan avec Bourgoing que j'avais invité à dîner parce que la marmite était renversée à l'ambassade aujourd'hui. Je lui ai donné festin superbe huit plats ! et ce grand gala était dans des prix fort doux, tant la vie est à bon marché dans cette heureuse ville. J'ai déjeuné ce matin chez Mr. Mortier, et nous sommes allés tous les trois

en bons chrétiens à la messe à l'église de Saint-
Philippe. Je suis allé dans la journée faire un tour
de promenade sur les bords du Pô. Les campagnes des environs de Turin doivent être charmantes en été. Si le temps me l'avait permis, je
serais monté jusqu'à un couvent de capucins
placé sur une petite colline, d'où il paraît que
l'on a une vue superbe. J'éprouve un grand plaisir
à voir des moines, il est innocent sans contredit,
les institutions de ce pays ont résisté au progrès
du temps et au passage momentané de l'empire
français, ce qui produit des mœurs et un aspect
général de la société fort nouveau pour un pari-
sien. Il y a encore un quartier dans cette ville
mis à l'index, qui est le ghetto des Juifs (1). Il
semble qu'en passant des portes, on entre dans
une autre époque, cinq ou six siècles se sont
arrêtés sur leurs seuils. Du reste il n'y a ici aucun
mouvement matériel, ni émeutes, ni agiotage.
Hier je suis sorti en voiture avec Mr. Mortier et
Bourgoing, ils allaient faire quelques visites, et
m'ont mené chez Mr. et Mme de Redern dont j'ai

---

(1) Il n'existe plus depuis longtemps.

pris congé. Mr. de Redern m'a annoncé sa visite, s'il vient demain matin, il risque de me trouver occupé à faire ma malle, mais les habitudes de ce pays sont simples, chacun fait ce qui lui convient, excepté en politique et en orthodoxie. Les feuilletons des journaux de Paris font fureur, et Mr. Mortier et Bourgoing chaque fois qu'ils entrent dans un salon sont persécutés par une foule de belles personnes qui veulent le numéro suivant du « Juif-errant », ou de la « reine Margot ». Puisque j'en suis à vous parler de journaux j'apprends par eux que vous n'avez pas encore de Ministre de la guerre et que les affaires de Syrie vont fort mal, les nouvelles sont à mon avis fort graves, et fort compromettantes pour le Ministère. D'un autre côté j'apprends qu'il arrive des évènements heureux « en lui », sinon par lui. Voilà Melle Laplagne unie par les liens sacrés du mariage à un receveur général de sa façon. Ma foi Mr. Laplagne (1) a bien fait et je ne doute pas que ce poste lucratif ne soit mérité.

« Je suis très désireux de savoir si mon père a

(1) Laplagne, Ministre des finances.

pû faire son petit voyage, si vous continuez à vous porter tous bien. Comment vont vos yeux ? Etes-vous allée à Linas ? J'espère que la battue n'aura pas lieu avant le 25, je voudrais y assister. Je resterai deux jours à Nice, un à Lyon, deux ou trois chez Mr. de Lamartine, mais nulle part je ne pourrais être accueilli d'une manière plus aimable que je ne l'ai été par le Cte Mortier. Je conserverai toujours un bon souvenir de l'ambassade de France à Turin. J'aurai des dépêches à emporter, mais je suis autorisé à les mettre à la poste à mon entrée en France. Les choses se sont arrangées pour moi pour le mieux. Cette lettre partira demain lundi, aucun courrier ne quitte Turin le dimanche, tout est fermé, tout est mort, hormis les cloches. »

Lyon, Novembre 1845.

« J'ai laissé à Nice mon oncle Alexis (1) fort content de moi, il a témoigné une grande joie de

(1) Cet oncle joignait à de très réelles qualités un manque de bon sens qui lui faisait souvent perdre les avantages qu'une chance inlassable lui prodiguait. Il avait été parfois critiqué — sans toutefois

me voir, et m'a installé dans une chambre où il y avait beaucoup de poussière, et peu de meubles. Du reste la maison qu'il habite tout seul, est fort originale, ce sont de grands appartements vides, dont les fenêtres ont vue sur la mer. Je suis satisfait de mon voyage quant aux affaires mais non quant à l'agrément de la famille. Pour réussir, j'ai été obligé de jouer une comédie fort ennuyeuse: paraître n'avoir aucune prévention, être toujours aimable. Mon oncle avait grand besoin d'être remonté, ma présence et mes discours lui ont rendu assez d'énergie. J'ai été aussi obligé de rétablir quelques faits. En définitive, j'ai fait un beau voyage, mon séjour à Turin a été charmant, et si à Nice j'ai eu des affaires ennuyeuses, j'ai eu la compensation d'être dans un délicieux pays. Vous ne pouvez vous figurer à quel point cette douce température, cette quantité de roses, ces aloès en plein air, grands et forts, ces orangers chargés d'oranges qui murissent et deviennent

perdre le juste renom d'une parfaite loyauté. Atteint dans son amour propre familial son neveu en avait souffert. Il dut sans doute prendre sur lui-même pour le prévenir de sa présence à Nice, car il avait à discuter avec lui une question d'intérêt pour le compte de son père.

très bonnes, font un effet agréable à l'œil, et donnent du bien être au corps. Et la mer ! ses rochers et les montagnes qui forment un fond grandiose à ce ravissant paysage. Je m'arrête, je crains de m'exprimer comme Mr. D... et c'est une grande infortune que de ressembler à un pareil malheureux. Mes promenades ont été les plus belles que j'ai faites de ma vie — comme sites parcourus du moins, car je préfère le pont de Grenelle avec vous à tous ces beaux endroits en compagnie de gens ennuyeux. J'aurai de longs détails à vous donner quand j'éprouverai le bonheur de me retrouver auprès de vous, ce qui arrivera le 25. Je crois avoir bien gagné quelques moments agréables à Monceau. »

En lisant cette correspondance on est déçu de n'y trouver aucune lettre transmettant les impressions du jeune voyageur sur la halte qu'il fit à Monceau. Il est probable qu'il n'écrivit plus à sa mère qu'il allait revoir. Cependant il est à peu près certain que ce premier séjour en Bourgogne eut une influence décisive sur sa destinée, et contribua à son mariage. Il revit Alphonsine de

Cessiat, et c'est à partir d'alors que l'amitié qui survivait à leur enfance commença à se changer en un sentiment plus tendre qu'ils ignoraient encore.

Lamartine avait acheté une petite propriété nommée Collonges située tout près de Monceau, et l'avait mise à la disposition de Mme de Cessiat pour qu'elle y passât les étés avec ses filles. Il se retrouvait ainsi dans un entourage de jeunesse qui lui plaisait, qui ne manquait pas de jolis visages pour charmer ses yeux et qui lui rendait un peu l'illusion d'une paternité à jamais perdue. Ce voisinage ajoutait à l'agrément des nombreux hôtes de Lamartine dont l'hospitalité tout à la fois seigneuriale et simple ne cessait qu'avec son départ pour Paris. Le poète ne perdait rien à être vu dans l'intimité tant il gardait dans tous ses actes une élégance de manières et une distinction innées en sa personne. Sa bonté et sa bienveillance atténuaient la réserve un peu hautaine de son caractère qui éloignait la familiarité presque toujours déplacée, pour faire place à la plus charmante des intimités. Tout en lui, et autour de lui se trouvait réuni pour enchanter, éblouir et retenir. Le paysage même ne manquait pas de charme. Le château placé à mi-côte d'une montagne, a, de ses fenêtres vue sur la plaine que termine dans un horizon lointain la chaîne des Alpes. Quand aucun brouillard n'altère la limpidité de l'air, on peut apercevoir la masse neigeuse du Mont Blanc ; surtout en automne de grand matin, ou le soir, quand les premiers, ou les derniers rayons du soleil l'éclairent, et lui donnent une teinte éclatante et rosée. Cette partie du Maconnais ne possède aucunement l'aspect, la nature ravissante et grandiose du Piémont ou des Alpes Maritimes que venait d'admirer Charles, mais elle n'est pas sans une grâce agreste attachante, et l'immense étendue de terre qu'elle domine lui donne ce sens de l'infini qui s'ajoute à l'aspect des grands espaces.

A Monceau il n'y avait pas d'admirable que le maître de la maison, sa femme qui ne le quittait jamais, vivant à son ombre, modestement effacée, possédait une âme et un cœur à sa hauteur, son génie à elle, c'était sa charité intelligente et délicate. A toutes les souffrances elle savait dire les paroles apaisantes et réconfortantes qui peut-être lui manquaient à elle-même... la perte de ses deux enfants l'avaient attristée à tout jamais, et elle passait sa vie souffrant silencieusement, discrète et secrète, paraissant froide — manquant de beauté — autre épreuve cruelle pour elle, sachant combien Lamartine était sensible aux dons extérieurs, et combien ce sentiment se trouvait partagé par sa famille — manquant de séduction, de tout ce qui plaît et subjugue au prime abord — mais foncièrement bonne, avec un esprit élevé planant au-dessus des petitesses, et des pensées mesquines, pour s'élever toujours plus haut ! Il était impossible de la connaître sans l'apprécier, et sans l'aimer. Les lettres qui forment le fond de cette publication aideront à faire connaître ce beau caractère de femme, qui méritait si complètement la dédicace de Jocelyn (1) :

Monceau dut laisser à Charles de doux souvenirs auxquels plus tard d'autres viendront

(1)   A Maria-Anna-Eliza
Doux nom de mon bonheur, si je pouvais inscrire
Un chiffre ineffaçable au socle de ma lyre
C'est le tien que mon cœur écrirait avant moi, etc...

s'ajouter... mais avant cela bien des mois, et des années mêmes devaient s'écouler.

Après les beaux voyages qu'il venait de faire, le jeune homme reprit sa tâche quotidienne auprès de Mr Guizot, et vivant chez ses parents, il n'eut plus pendant tout l'hiver de 1845-1846 l'occasion de leur é rire. Au printemps suivant, un évènement important se produisit dans sa famille, ce fut le mariage de sa sœur avec Mr. de Challié, officier de marine de grand avenir. Les nouveaux mariés ne tardèrent pas à quitter Paris, pour s'installer à Saint-Vaast où Mr. de Challié avait mission de surveiller une pêcherie et avec la jeune fille disparut un grand attrait du salon de la rue de l'Ouest dans lequel sa beauté blonde et son charme n'étaient pas sans troubler parfois le cœur des amis de son frère, qui lui formaient une petite cour. Son esprit élevé l'entraînait à s'intéresser à des sujets abstraits, qu'elle commentait d'une façon remarquable. Elle se plaisait à écrire sur les questions sociales et religieuses, mais simple et modeste, malgré la supériorité incontestable de sa personnalité peu banale, elle n'avait rien d'un bas bleu. Un visage gracieux et pur, le regard charmant plein de vivacité et de douceur, se mélangeant à une pointe de malice telle était Laure, à qui les profondes pensées, n'enlevaient rien à la grâce du sourire. Bien des années plus tard un ami de sa famille revenant sur le passé évoquait son souvenir. « Je la vois, disait-il, faisant avaler pendant toute une soirée des bonbons à Ballanche (1) et nous de rire des distractions de cet excellent rêveur qui pensait à autre chose... (2).

L'été suivant ses parents allèrent la rejoindre à St-Vaast — la correspondance entre Charles qui était resté à Paris, et sa mère reprit, et à part de courtes alternatives de rapprochement, dura

(1) Ballanche, de l'Académie française, auteur d'ouvrages philosophiques religieux, ami de Chateaubriand et de Mme Récamier. Né à Lyon 1776-1847,

(2) Quelques lignes empruntées à ses écrits la feront mieux connaître. « Où allez-vous jours qui nous quittez, et pourquoi nous devenez-vous d'autant plus cher que vous vous éloignez davantage ? On dit qu'au déclin des années et dans les ombres dernières qui environnent notre mort, souvent le souvenir des jours lointains se ranime et la figure du passé se présente toute rajeunie, comme le présage de quelque merveilleux réveil. C'est dans ce réveil que nous vous retrouverons jours qui emportez toute notre vie, Non, vous n'allez pas au néant, mais à l'éternité insaisissable, ce rien que vous semblez être, vous êtes au

plus de vingt ans. Toute une époque passa entre ces pages.

Paris, Septembre 1846.

« Chère Mère,

« Comme je pense que quelque satisfaite que vous soyez dans ce moment, jouissant de ce temps superbe au bord de la mer en bonne compagnie, vous ne serez pas moins contente de recevoir mes lettres, je suis décidé à ne pas vous les épargner. Vous savez d'ailleurs que vous excitez fort mon ardeur épistolaire quand vous êtes absente. J'espère qu'à Saint-Vaast on vous fait la vie douce. Pour moi, je me trouve, délicieusement

contraire la grande preuve, la base solide, le témoignage éternel, l'expiation, le repentir, la lumière, et votre vision transfigurée, sans tache, sans obscurité, sans nuage fait partie de la vision qui nous attend dans les cieux.

« Nous vous reverrons lieux de notre enfance où nos yeux seront ouverts à la clarté du jour, où dans l'immensité de la création nous nous sommes éveillés avec une âme plus grande que tout l'univers visible qui nous entourait.

« Non rien ne se perd dans cette vie qui semble s'évanouir comme un rêve ; les heures qui s'envolent s'immortalisent en passant sur notre front, et les minutes qui nous échappent se retrouveront dans notre ciel, si elles sont emportées dans leur fuite, les généreux battements du cœur, les pures aspirations de l'âme vers ce qui est immuable et éternel. »

bien tout seul (1). Voyez comme c'est mal, mais en vérité quand on a souffert ensemble tant d'ennuis, on éprouve pour se retremper le besoin d'un peu de solitude. J'ai été hier encore très occupé au ministère. Beauval m'a rapporté de Florence un très joli serre-papier. Je l'ai mis dans votre secrétaire, et je vous le donne s'il vous fait plaisir. Bondy part aujourd'hui pour Vienne avec des dépêches, Cormidet l'accompagne en amateur, au déplaisir de Mr. Guizot qui n'aime pas beauçoup je crois cette association de deux jeunesses. Montherot va s'en aller aussi, de sorte que moi je vais hériter de leur besogne. Beauval m'a juré que j'aurai mon tour, et je compte bien en effet aller me promener un peu, soit en Italie, soit en Espagne, le mois prochain.

« A peine rentré, j'ai vu arriver G....de qui m'a invité à dîner avec lui à Viroflay. J'y ai fait un excellent dîner, assez agréable. Ils ont vraiment une certaine élégance, le service se fait admirablement bien. Leur vie est assez intelligente. Hier ils ont diné à quatre heures et après sont

---

(1) Il disait cela, pour que sa mère ne se tourmentât pas sur sa solitude,

allés se promener dans les bois jusqu'à Versailles,
ils sont rentrés à dix heures du soir pour souper.
Ils ont pour commensal un banqueroutier qui est
caché chez eux, le banqueroutier anime leur
maison et la rend plus agréable. C'est un jeune
homme assez spirituel, il n'a que vingt-huit ans,
et vient de faire faillite à Orléans, laissant un
passif de 1.400,000 Frs. Il a voulu s'enrichir trop
promptement, et conduire de front plusieurs grandes spéculations industrielles qui ont opéré sa
ruine. Du reste c'est un garçon de bonne famille
à ce qu'il parait qui a beaucoup voyagé, et qui a
habité pendant trois ans Calcutta.

« Il parle de l'Inde, de la vie nonchalante et
confortable qu'on y mène et des belles habitations
qu'ont les anglais sur les bords du Gange avec
admiration. Cependant il a ajouté après avoir fait
un grand éloge des méridiennes qui précèdent
de charmantes promenades à cheval ou en
calèche, promenades qui suivent d'excellents et
joyeux soupers, il a ajouté dis-je, que cette vie
oisive et désœuvrée ne lui conviendrait plus, et
qu'il préférait les affaires. Cela m'a infiniment
réjoui d'entendre un gaillard dans sa position parler

de son amour des affaires. Il a l'air au surplus d'un grand philosophe, et se console de ses déboires en ramassant des champignons, mets dangereux que les G...de savourent en toute confiance, mais dont je me suis abstenu, n'étant ni en faillite, ni en déconfiture, je n'ai pas l'intention de me suicider. Je me suis donc bien amusé hier au soir, et je ne m'y attendais guère en acceptant par complaisance l'invitation pressante de G..de, mais quand j'ai appris que son portefeuille d'affaire était rempli de bonnes choses à manger au lieu de papiers, et que j'ai vu son banqueroutier, j'ai reconnu que j'avais été ami de moi-même en ayant eu un mouvement d'abnégation.

« J'ai le choix dimanche prochain, entre aller à Linas, où retourner à Virofflay. Je n'hésiterais pas à préférer Linas, si ce n'était la présence du banqueroutier et l'idée qu'il finira par être arrêté, et mis en prison, il faut se hâter d'en jouir. Il a fait ma conquête en me parlant du Gange et de ses rives boisées, de ses grands courants, des cadavres que ses eaux entrainent vers la mer, et de ses terribles crocodiles. D'ailleurs le nom de ce fleuve a toujours impressionné mon esprit d'une façon très poétique.

« J'ai rendu à Mme Cardinal (1) « Le compagnon d'un tour de France », sans l'avoir achevé, cela m'a paru un galimatias. Ne me regrettez pas trop et soignez bien vos yeux. »

Paris, 23 Septembre 1846.

« Je suis allé voir ma tante chez laquelle je devais dîner, mais qui était venue hier pour décommander son festin parce qu'elle n'avait pas pu avoir ses invités et qu'elle craignait de m'ennuyer par son tête-à-tête. Elle se trompe car elle me plait mieux que la société qu'elle voit. Je n'ai pas été fâché de ne pas dîner ch z elle parce que j'ai été retenu très tard au ministère à cause de l'arrivée du courrier d'Orient. Nous ne sommes plus que trois, Beauval, Tharon, et moi, et nos fonctions sont loin d'être des sinécures. Bondy est parti avec Corundet pour Vienne dans un frin-

(1) Mme Cardinal tenait un cabinet de lecture renommé ou se réunissaient beaucoup de gens de lettres. Elle le présidait avec intelligence et esprit.

gant briska dans lequel il avait l'air d'un « Anglais milord » comme disait Mr. de Cazalès. Il emporte une dépêche de G...de dont il s'est chargé avec beaucoup d'obligeance, et de bonne grâce. G...de est venu pour cette affaire au ministère, et il m'a fait demander. Comme j'étais fort occupé à ce moment là, je lui fais l'insigne honneur afin de ne pas me déranger, de donner l'ordre qu'on l'introduise dans le « sanctum sanctorum » c'est-à-dire dans les chambres où nous travaillons. Il s'est présenté dans cette fabrique de dépêches d'un air fort galant et dégagé, et sans paraitre intimidé ! Il tenait sous son bras un gros portefeuille ordinairement plein de charcuterie ou autres comestibles, mais que le public peut par bonheur supposer rempli de papiers importants. Je l'ai présenté à Bondy auquel il a remis une grande vilaine lettre, qui a pour objet de lui faire recouvrer deux cents mille francs que le gouvernement d'Autriche lui doit, je ne sais à quel propos. Ensuite il s'est mis à parler très haut à notre grande satisfaction à tous d'un certain pâté que nous avons entamé dimanche et dans la croûte duquel on a le projet de faire un succulent macaroni que je dois aller manger. Il m'a aussi promis en se frottant les mains d'autres bonnes choses, et enfin il a ajouté que sa famille était en train de chercher des cêpes pour que rien ne manquât au régal. Ce qu'il appelle sa famille, quand il suppose quelqu'un agissant d'une manière quelconque dans son ménage c'est toujours son banqueroutier qui se connait fort bien en effet à trouver des champignons d'une espèce excellente et très rare. Il passe ses journées à parcourir les bois dans ce but, et bien fin serait le gendarme, ou le garde du commerce qui irait le dépister dans le fond de Morval, ou aux alentours de Villebon. Je vous ai parlé bien souvent des G...de, c'est qu'ils s'imaginent devoir me tenir compagnie pendant votre absence. Les Labornadière ne sont pas à Linas, ils sont en Brie. Je pense qu'ils ne tarderont pas à revenir, et je compte bien aller les voir, quoi qu'ils n'aient pas la cuisine exquise de Viroflay, cuisine d'autant plus exquise qu'elle parait se faire par enchantement. Elle nait de mille péripéties qui résultent du manque de provisions, et quelquefois même du manque d'argent. De certaines gens que j'avais anathèmatisés dans mon adolescence, il n'y a que les G...de sur lesquels j'ai eu à revenir, parce qu'ils ont véritablement des qualités aristocratiques, de l'énergie, de l'honneur, et de la générosité, je leur crois surtout celle là.

« Je vous ai envoyé hier une lettre venant du cabinet du roi, qui vous annonce qu'un secours avait été accordé à une femme de Saint-Vaast dont je ne me souviens pas du nom. Cette lettre porte une aimable apostille de Mr. Fain (1). J'ai pensé que vous auriez du plaisir à recevoir ce document sur le lieu même du bienfait.

« J'ai appris la mort de Mme Oscar Villequier. On est décidément tout aussi près de la mort dans la jeunesse que dans la vieillesse. Auriez-vous cru : il y a sept ou huit ans quand nous jouions ensemble au château de la Celle qu'elle s'en irait de ce monde avant notre tante qui avait à cette époque quatre-vingt-six ou sept ans, et qui aujourd'hui se porte bien en se réjouissant de manger des huitres envoyées de Saint-Vaast. »

(1) Fain (Agathon) 1778-1835 premier secrétaire du roi Louis Philippe.

Paris, 24 Septembre 1846.

« Je pense souvent aux qualités si aimables de votre esprit, et aussi à votre grande bonté, aux petites aumônes d'un sou, que vous faites d'une façon si gracieuse que ce sou vaut mieux qu'un Louis donné par Rotschild ou par Delessert — Ce pauvre n'est peut être pas de mon avis — Je pense aussi aux tartines que vous faites vous même pour les enfants des mendiants. Mon affection pour vous est établie sur une foule de sympathie, il peut supporter patiemment les absences car le lien qui nous unit est un fil électrique dont la longueur quelque grande qu'elle soit n'empêche pas les deux extrémités d'être constamment en rapport par les mêmes impressions. Le temps hier a été mauvais, il a plu toute la sainte journée, je l'ai passée au ministère, où j'ai été comme de coutume très occupé. Les dépêches de Madrid abondent, et d'après ce que dit Mr Bresson, les populations et les Cortès sont dans l'enthousiasme au sujet du mariage du duc de Montpensier avec l'Infante. A propos de Madrid, Mme Sainte-Beuve que je suis allé voir, et de chez laquelle, par parenthèse, j'ai rapporté les impressions les plus agréables... son petit logis, et son petit bout de jardin, qui était hier vert et humide, sa conversation si animée, si au courant de tout, et cette verdeur physique qu'elle possède malgré ses quatre vingt deux ans, me charment et me distraient bien plus que la vieille jeunesse de tant de gens que je connais. Mme Sainte-Beuve me disait donc que les Tascher ont passé de mauvais moments cet hiver avec leur fameux gendre (1). Il est reparti laissant Mme Narwaez enceinte de quatre mois. Il est si horriblement jaloux qu'il a chassé de chez les Tascher tous leurs amis, Sainte-Beuve lui-même a cessé d'y aller. Ce n'est pas que le petit Sainte-Beuve craigne les airs matador par absence de courage. Je suis bien certain qu'il en a pour le moins autant que le duc de Valence, mais il y a chez lui antipathie en sa qualité d'homme d'esprit, et d'homme d'étude pour l'homme d'épée, brutal et dur. Mme Narwaez vit très honorable-et très paisiblement près de sa mère. Si elle va en

(1) Narwaez duc de Valence qui joua un si grand rôle politique en Espagne.

Espagne ainsi que Mme Sainte-Beuve croit qu'elle fera, elle y jouira certainement d'un des plus hauts rangs que puisse désirer la vanité et l'ambition. Tout cela n'est pas bourgeois, mais parfois l'est par trop peu. Décidément la meilleure situation est celle du gentilhomme ou du fonctionnaire bien né, vivotant à l'aise, il n'y a rien de plus difficile que d'être grand seigneur dans ce temps ci, où surtout homme d'état, au diable un pâle éclat que l'on achète au prix de son bonheur, et de son repos La gloire même je ne l'accepte qu'à la condition qu'elle serve de gagne pain, et elle en est quelque fois un fort mauvais. C'est ce que je vous dis souvent quand vous voulez me pousser dans la voie des honneurs, et qu'ensuite nous allons confondre nos différences d'opinions dans un même sorbet. Je dis même, car je pense à l'habitude que vous avez de plonger parfois votre cuiller dans mon verre. Je ne suis pas allé chez « la dame Blanche » une seule fois depuis votre départ, ses salons dorés sont « comme le plus vert bocage » quand vous n'êtes pas là, ils sont comme un lieu sauvage et sans appas.

« Mme Sainte-Beuve m'a raconté une foule de

traits comiques que les bonnes font à son fils et à elle. Il y en a une, qui s'est plaint un jour qu'il courrait de mauvais bruits sur son compte dans le quartier à cause de son service auprès d'un jeune homme, Mme Sainte-Beuve lui a répondu alors « Soyez tranquille ma chère enfant, on sait bien que mon fils n'aime l'odeur ni des poireaux, ni des oignons » ; ces gracieuses paroles ont rassuré cette conscience délicate. »

Paris, 5 Octobre 1846.

« Mon père est bien arrivé. Je regrette que vous soyez restée plusieurs jours sans nouvelles de moi. J'espère que vous aurez maintenant reçu mes lettres, et empêché la buraliste de me renvoyer mon esprit à moi-même. Nous avons été tourmentés en pensant à l'inquiétude que vous avez dû avoir, et nous avons maudit les correspondances quotidiennes qui, si elles donnent du bonheur, créent parfois de chimériques soucis. Pendant mon voyage je vous écrirai plus rarement et irrégulièrement pour vous aguerrir. Ce voyage n'est plus maintenant une chose douteuse pour moi, parce qu'hier Mr. Guizot m'a fait appeler dans son   abinet, et m'a confié un travail assez important en me disant qu'il m'avait choisi parce qu'il fallait une personne sure. Il m'a chargé de faire des extraits considérables des négociations d'Utrecht. Cette besogne m'occupera je pense au moins trois semaines. Il me faudra traduire pas mal de latin, mais d'un latin facile. Quand j'aurai fini, il est impossible qu'on me refuse ma course de Naples. J'ai repris aux archives où est mon travail, mon bureau d'autrefois. J'ai éprouvé une certaine satisfaction à me réinstaller momentané-ment dans cette vilaine petite chambre. Vous savez que j'aime beaucoup à retourner en arrière et à me retrouver au milieu des souvenirs d'un temps qui fut paisible, temps paisible qui nous reviendra, mais avec d'autres circonstances et ayant tous acquis une expérience désenchantée. Je me trouve de nouveau en rapport avec M. d'Hauterive, et j'ai fait connaissance de son fils Maurice qui m'a paru très bien.

« Mon père et moi sommes allés voir ma tante qui nous a invités à dîner pour lundi ave Mr. C sur lequel comme dit Laure, la campagne de Russie a agi après coup, et qui a l'air d'un homme gelé ou empaillé. Je crois en vérité qu'il serait l'un ou l'autre que ses facultés intellectuelles n'en seraient guère moindres qu'elles ne sont. Vous voyez que nous employons assez bien notre temps. Nos repas, déjeuners et diners, sont abondants, et variés, mes desserts surtout sont très beaux. Cette partie si négligée par les maitresses de maison blasées et ennuyées est mon triomphe. »

Paris, 6 Octobre 1846.

« Je vais vous écrire une petite lettre, car vous devez être bien mélancolique les jours où le courrier ne vous apporte rien. Vous convenez de cela au lieu de vous en défendre. Quant à moi je prends avec philosophie mon parti des séparations quand elles ne doivent durer qu'un petit nombre de mois, et quand les personnes absentes sont bien là, où elles sont, et que j'ai pleine sécurité sur leur compte. Je n'éprouve pas le besoin d'être sans cesse près de ceux que j'aime le plus. C'est de ce besoin, quand la raison et l'habitude ne viennent l'atténuer, que provient pour tous l'empêtrement et ses conséquences fâcheuses de toute nature. Il faut dans la famille que chacun jouisse le plus possible de ce qui peut y avoir d'agréable et de bon dans l'endroit où il se trouve, afin de rapporter dans la communauté au moment de la réunion des idées rafraîchies, et une force nouvelle pour manier les évènements.

« Nous avons dîné hier chez ma tante, le diner n'était pas bon, et on a servi du café qui avait le goût de chandelle. J'avoue que je n'aurais jamais cru ce printemps qu'elle nous ferait encore les honneurs de ses détestables diners.

« Mon père est assez fier de la manière dont il a marché dimanche. Nous avons fait une admirable promenade. Nous avions le projet d'en faire une très longue, nous avons voulu louer des chevaux, mais on nous a demandé un prix si élevé, et ils nous ont paru de si pauvres rosses, que nous avons préféré nos montures naturelles.

« Nous avons pris notre vol vers Saint-Germain. Nous nous sommes dirigés vers les profondeurs de la forêt, et nous avons été jusqu'à la Faisanderie. Je n'en avais qu'un souvenir confus, mais j'ai bien reconnu cet endroit que je n'avais plus vu depuis tant d'années. La haute futée et la solitude y sont admirables. Cette partie de la forêt est incomparablement plus belle que celles qui avoisinent Saint-Germain. On n'y rencontre plus de parisiens, mais en revanche beaucoup de lapins, dont la vue plait infiniment plus dans un bois. Tantôt on en aperçoit trois ou quatre au milieu d'une allée, tantôt c'est un bout de museau qui sort d'un taillis, ou bien c'est un petit derrière blanc qu'on voit rentrer précipitamment dans le fourré. Si on avait un fusil en pareil lieu, quel carnage on ferait, car les faisans y abondent également. Nous sommes revenus à Saint-Germain en passant par le chêne de bon secours, et nous avons rapporté à l'hôtel du Prince de Galles une faim épouvantable, que nous avons apaisée au moyen d'un très bon dîner.

« Aujourd'hui je vais immédiatement après le déjeuner me rendre aux archives. Nous dinons chez ma tante, sans cette circonstance fâcheuse nous serions allés à l'Opéra-Comique où on donne un charmant spectacle, Zémir et Azor, et Richard. Que de jolie musique dans une même soirée.

« Continuez je vous prie à vous mouiller les yeux

avec de l'eau de mer. Songez à Mme Récamier (1) à qui Ampère (2) est dans ce moment occupé à trouver un chien quoique le père Ballanche se soit offert, mais on l'a trouvé trop distrait, trop palingénésique. Je crois l'eau de mer excellente pour vous refaire la vue. Il parait que son contact vous fait presqu'autant de mal que le collyre, j'en suis surpris, car j'ai quelquefois plongé en mer les yeux ouverts et je n'éprouvais aucune impression pénible à ces précieux organes, mais il est possible que l'immersion complète fasse une diversion aux préoccupations locales, avantage que n'ont pas les lotions.

« J'espère que le développement de l'industrie finira par amener l'invention d'une petite machine à vapeur de la force d'un cheval destiné à donner un fouet continu à certains enfants. La fille d'Athénais (3) est dans la catégorie de ceux qui nécessiteraient l'achat d'un pareil instrument. Vous ne sauriez croire combien cette petite fille est maussade et bruyante. Le vacarme de ses

(1) Mme Récamier 1777-1849.
(2) Ampère 1800-1864 de l'Académie française.
(3) La cuisinière.

pleurs et de ses chants mêlés aux miaulements parfois désagréables aussi du chat de Marianne (1) sont les seules causes qui troublent le silence de la maison. »

Paris, 7 Octobre 1846

« Hier nous sommes allés à Brunoy où mon père avait affaire. Quoique je n'aie aucun souvenir de ce côté je m'y suis plu, étant animé par l'esprit de découverte qui charme l'inconnu, et remplace à son égard les souvenirs qui sont souvent le seul agrément du connu. Nous sommes montés à Villeneuve-le-Roi sur l'impériale d'une patache, dans laquelle la place manquait, et de ce poste élevé nous avons très bien vu le pays que nous parcourions. Prairies bien vertes, belles fermes, villages riants se réunissaient pour son ornement, et toutes ces bénédictions sont dues à une petite rivière étroite et profonde nommée l'Ière, qui arrose les plus frais pâturages, les traces du temps passé ne manquent pas non plus dans cette contrée et nous avons remarqué un petit château en briques d'une construction

____

(1) La femme de chambre.

fort ancienne, des murailles crevassées desquelles sort en abondance le violier qu'aime Mr. de Chateaubriand, et où l'on voit encore scellés les anneaux de fer qui servaient à attacher les chevaux d'armes. Il y a trois lieues de Villeneuve-le-Roi à Brunoy où l'on quitte le chemin de fer. Nous avons fait la route dans la susdite patache pour aller mais nous sommes revenus à pieds. Nous avons trouvé à Villeneuve-Saint-Georges une bonne auberge où nous avons dîné. Il ne faut pas que j'oublie de vous dire que nous avons visité la maison de Talma dont le parc est beau et bien arrangé et s'ouvre sur la forêt de Sénart. Quoique je ne fasse pas grand cas du genre de gloire de Talma, il avait cependant dans ses mœurs privées une simplicité de grand homme, et en me trouvant dans ce parc de Brunoy j'ai pensé à la manière dont l'illustre acteur se faisait siffler par son jardinier. Il faudra que l'année prochaine nous dirigions ensemble quelques promenades du côté de Brunoy. Il faisait un vent terrible hier dans la soirée, et en traversant la plaine de Villeneuve-le-Roi, mon père aimait à se croire au bord de la mer.

8 Octobre 1846.

« Comme mon père écrit à Laure, et que je
crains que vous ne soyez jalouse qu'elle reçoive
une lettre demain, et vous pas, je crois prudent
de vous adresser moi-même cette épitre. Je vous
ai raconté la jolie promenade que nous avons
faite à Brunoy, et véritablement ce lieu m'a paru
charmant ainsi que ses environs, bien que je les
ai vus sous un ciel sombre d'automne, et que les
chemins fussent très boueux. Hier nous avons
passé une journée fort sage, et nullement dissipée.
Le soir seulement j'ai « présenté » mon père à
Mme Cardinal. Il y avait beaucoup de monde
chez elle, et entr'autres un Monsieur assez aimable et au courant de tout. Nous sommes restés
longtemps à causer dans cette boutique, salon
original et lettré, dont Mme Cardinal fait fort
bien les honneurs. Aujourd'hui je vais avoir du
temps devant moi pour abattre de la besogne au
ministère. J'avance dans mon travail, et je pense
pas qu'il dure aussi longtemps qu'on l'avait cru
d'abord. J'espère partir pour Naples peu de temps
après l'avoir terminé. Cette affaire est en bon

chemin. Je fais demander cette course par le canal de Beauval qui commence à chanter mes louanges à Génie. »

Le lendemain du jour où il écrivit cette dernière lettre, il fut expédié à La Haye pour y porter une dépêche au Baron de Bois-le-Comte, ministre de France. Le beau plan si bien conçu pour obtenir la course de Naples s'écroula ainsi ! Il arriva à La Haye le 10 Octobre 1846 au matin, et dès le soir il rendit compte de sa journée à sa mère.

9 heures du soir.

« La pensée est une sorte de présence, c'est pourquoi en m'occupant à vous écrire je vais autant que possible suppléer à votre absence. Je vais vous narrer l'emploi de ma journée, et quand vous lirez cette lettre, d'autres journées se seront écoulées et je serai probablement occupé à revenir en France. Mr. de Bois-le-Comte (1) m'a fait un accueil tout aimable et en ministre des mieux élevés m'a appris le contenu de la dépêche que

(1) Comte de Bois-le-Comte 1794-1863.

je lui avais apportée. Ce qui m'a fourni la preuve
que cette belle course à la Haye qui m'a été
si miraculeusement offerte sans que je l'eusse
demandée, était absolument nécessaire, et qu'on
avait de bonnes raisons pour la donner, non pas
même à un courrier, mais à un attaché, Mr. de
Bois-le-Comte qui est au spectacle ce soir avec
Mrs. de Breteuil et Noailles a désiré que je
m'abstienne d'y paraître, afin que ma présence
ne fut pas remarquée, cette course mal rétribuée
est donc pour la gloire, il faudra que d'ici deux
mois on m'en donne une pour le profit. Je vous
donne ces détails pour flatter la partie « Prime-
rose » de votre nature. Mais ce qui va rabaisser
votre orgueil, c'est que faute de savoir l'anglais,
je suis obligé de laisser patauger Noailles et
Breteuil dans une version sans fin que je leur
vaux, et sans réussir à les aider, quoique Mr. de
Bois-le-Comte m'en eut prié. Ce sont deux très
bons garçons, ils m'ont reçu avec une cordialité
charmante, ils m'ont tout d'abord donné des
cigares gros comme mon bras, et ils ont mis leurs
chevaux et leurs voitures à ma disposition. Je
dois aller demain à cheval avec Noailles à Sche-

veningen, où il y a un joli établissement de bains de mer. La vie est extrêmement chère en Hollande. J'espère cependant rapporter un petit magot, parce que Dieu m'a accordé le don précieux d'économie, je serai fort en mesure de vous faire un beau présent. Rien sur terre ni éloignement, ni brillante compagnie, ni mouvement d'affaires ou de plaisir ne sauraient écarter un moment votre souvenir de mon cœur, votre image de ma pensée. Dédaignez donc de vous affliger de quelques séparations inévitables, et qui seront toujours accidentelles. J'ai pour ceux que j'aime la fidélité d'un chien. Comme je vous le disais la vie est fort chère ici, à mesure qu'on avance vers le Nord tout se complique, et dans un pays comme celui-ci, pour trouver des facilités d'existence il faut naître canard sauvage. Malgré ce sérieux inconvénient la Hollande offre aux étrangers des aspects très nouveaux, la mer de Zélande sur laquelle j'ai navigué pendant une grande partie de la nuit dernière forme une province d'un genre tout particulier, les îlots qui entourent son vaste bassin, ressemblent à des morceaux de viande dans une soupe d'avare. L'arrivée à Rotterdam est frappante c'est presque la Chine des éventails et des paravents. Pour aller de cette ville à La Haye on traverse de riantes et vertes prairies, peuplées de superbes troupeaux de bétail qu'animent aussi d'innombrables moulins à vent destinés à scier des mats et à extraire la trop grande quantité d'eau qui s'amasse dans les champs. On rencontre aussi un grand nombre d'habitations de plaisance arrangées et entretenues avec un soin merveilleux, et dont les jardins sont toujours abondamment fournis d'eau. En arrivant je suis descendu dans un hôtel central d'assez bonne apparence, mais je n'y ai pas fait un long séjour, car Mr. de Bois-le-Comte m'ayant demandé où je logeais m'a fait observer d'un petit air dédaigneux, que l'« Hôtel du Lion » était un hôtel de second ordre, et m'a indiqué l'Hôtel de l'Europe comme convenable pour un gentleman de mon acabit. Je me suis excusé en disant qu'étranger dans cette ville je m'étais établi dans le premier endroit d'apparence convenable que j'avais rencontré, et tout en maudissant le fashion je suis retourné à mon Hôtel du Lion, pour refaire ma malle, et opérer mon déménagement Ensuite je suis allé diner chez Mr. de Bois-le-Comte. Mrs. de Noailles et Breteuil en allant rejoindre leur ministre au spectacle m'ont ramené dans leur voiture à ma brillante auberge, où maitre et valets en me voyant quitter si bonne compagnie m'ont accablé d'affreux coups de chapeaux, c'était à qui prendrait ma clef, qui porterait ma bougie, à la vue de si horribles démonstrations, j'ai porté sur ma bourse une main crispée. Ces grandes apparences me feraient défaillir le cœur, si je ne m'étais informé auprès d'un domestique qui comprend passablement la langue chrétienne que je parle des prix courants de céans. Ils sont assez élevés, mais cependant avec une bonne gouverne, je pourrai m'en tirer sans une trop rude brèche à mes finances. On n'est pas toujours en noble compagnie et quand je n'ai que Dieu pour témoin, je donne volontiers dans les secondes places, on y est très bien je vous assure, et de la sorte on fait bonne figure avec ses égaux quand on est dans leur société, et on rattrappe en économies en s'encanaillant parfois un peu ce qu'on a dépensé de plus qu'on ne voulait. J'ai

pour principe, qu'un louis (c'est moi) ne perd
rien de sa valeur pour se trouver quelquefois
dans une bourse avec des gros sous.

Chère mère,

« Et vous ? j'espère que vous êtes toujours
heureuse et contente à Saint-Vaast. Demain nos
regards contempleront à tous les deux un horizon
semblable, vous à Saint-Vaast, moi à Scheveningen, j'adresse cette lettre à mon père afin qu'il
ait aussi de mes nouvelles. Je serais heureux de
le savoir près de vous dans ce moment, et je
désire qu'il y soit quand je serai à Naples.

« Je viens de me lever, après avoir lu dans
mon lit, le 1ᵉʳ chapitre du Cte de Monte Cristo
que Noailles m'a prêté. Le temps n'est pas mauvais, j'en suis étonné et ravi quand je pense au
pays pluvieux par excellence dans lequel je suis.
Mr. de Bois le Comte m'a invité à diner pour
tous les jours. »

La Haye, 12 Octobre.

« J'ai reçu votre lettre hier au moment où je
venais de mettre la mienne à la poste. C'est pro-

bablement la dernière fois que je vous écris d'ici, car il est question de me faire partir dans la nuit de demain. Je n'aurai certainement pas à me plaindre de l'accueil que j'ai reçu à La Haye. Mr. de Bois le Comte, Breteuil et Noailles ont été on ne peut plus aimables pour moi. Je partage tous les jours le repas frugal du baron. Je crois notre digne ministre sans grande fortune. Il n'en est pas moins hospitalier et il offre ce qu'il a, sa maison du reste est tenue avec une représentation officielle qui doit faire filer son traitement. Hôtel, chasseur, nombreux domestiques, etc. Il se rattrape autant qu'il peut dans le secret de la vie privée. Comme il n'a avec lui que deux jeunes gens, il n'a pas besoin de faire de grands frais de cuisine. Je suis allé me promener à Scheveningen avec Noailles. Quand nous sommes arrivés la mer était retirée, et nous avons galopé sur la plage découverte, le cheval que je montais a bien peur des vagues. Je l'ai obligé à entrer dans le flot expirant, alors il se rapprochait les oreilles, et se débattait tant qu'il pouvait. J'ai vu que la pauvre bête n'avait aucune vocation pour la marine. Je dois monter encore aujourd'hui avec

Noailles, il me prête son cheval alezan qui est un très charmant quadrupède et nous irons aux dunes. Noailles est fort aimable et bon compagnon. Lui est Breteuil m'ont présenté le soir au Club. Je n'aurai guère le temps de profiter de cette introduction et pour ce motif je n'y tenais guère, mais ces messieurs ont voulu obligemment me conduire à ce club et M. de Bois le Comte a consenti à la condition que je garderai le plus grand secret sur la cause de ma présence dans cette ville. Des Baux a fait partie de ce club quand il est venu à La Haye, il y a un an avec le duc de Valentinois et Mr. de Bieuwerkeque, il a laissé des souvenirs par la quantité de bière qu'il a bue, et par le nombre de cigares qu'il a fumés, pour bien se conformer sous ce rapport aux mœurs des Hollandais, il les a dépassés. Non seulement Noailles et Breteuil ont mis leurs chevaux de selle à ma disposition, mais même un bon coupé dans lequel je rentre à mon hôtel. Mon séjour dans ce pays aura donc été aussi agréable que possible, mais je ne voudrais pour rien au monde m'y voir fixé, la plus belle situation serait toujours gâtée pour moi, par un ciel aussi humide. Le bonheur réside en partie dans le climat, et si nous n'avons pas trop à nous louer de celui de Paris, il vaut cependant incomparablement mieux que celui de la Hollande. La ville est jolie, les rues sont si bien pavées qu'elles ne sont jamais sales, quoique fort étroites elles ne sont pas obscures à cause du peu d'élévation des maisons qui n'ont ordinairement que deux étages, tout au plus. Je pars ce soir pour Bruxelles.»

Paris, 16 Octobre 1846.

« Me voilà revenu de la Hollande. J'ai quitté La Haye aussi subitement que j'avais quitté Paris, et au moment où je commençais à m'y plaire, grâce aux charmantes promenades que Noailles me faisait faire. Nous sommes allés le jour de mon départ visiter les dunes. Je montais un cheval à lui, nommé « l'Imposteur ». Arrivés sur les dunes nous nous sommes aperçus que nous nous trouvions sous le feu d'une batterie de canons qui faisait l'exercice à boulet et que nous avions sans nous en douter doublé la ligne de soldats placés pour intercepter le passage. Noailles

me dit alors qu'il fallait nous éloigner au plus
vite, et il lança son cheval au galop, le mien, qui
était très ardent et très fin, m'a emporté de la plus
belle manière du monde, je suis venu à bout de
le maîtriser, mais il a fini par devenir tellement
difficile que je ne pouvais plus le gouverner.
Noailles fut fort embarrassé. Nous étions pressés
par l'heure. M. de Bois-le-Comte nous attendait
pour dîner, il m'a offert de prendre « l'Imposteur »
et de me donner sa jument. Mais elle est encore
plus fougueuse, et dès que j'ai été sur son dos,
elle s'est mise à se cabrer et à pointer. Enfin j'ai
prié Noailles de tenir une des brides et nous
sommes revenus à La Haye au grand galop, nos
chevaux courant l'un à côté de l'autre ainsi que
dans les enlèvements d'Alfred de Dreux. Breteuil
et plusieurs autres gentlemen riders avaient parié
que si je montais ces chevaux connus dans toute
la ville pour être très fougueux, et vendus par le
Prince d'Orange qui n'osait pas s'en servir, ils me
jetteraient par terre. Ils ont perdu, mais peu s'en
est fallu du contraire.

« Après dîner, je suis allé au spectacle, où j'ai
vu jouer le « Poltron » et le « Barbier de Séville ».

Les acteurs sont bien médiocres. J'ai aperçu le cigare du roi Guillaume dans une loge grillagée sur le théâtre. Il fume pendant tout le temps de la représentation, le bout de son cigare allumé est le seul indice qu'a le public de sa présence. Après le spectacle, je suis allé au Club où Noailles avait eu l'intention de me faire préparer un joli souper. Lui et moi y avons fait assez honneur, pour Breteuil il n'a mangé que des huîtres parce qu'il a dans ce moment une hémorragie de la bouche. C'est une maladie hollandaise fort insupportable. Mr de Bois-le-Comte ne m'a donné qu'une lettre particulière pour Mr. Guizot. Mon voyage a été assez fatigant, mais je suis à présent bien reposé. Je n'aime pas les aspects hollandais, quelle différence entre les environs de Turin et ceux de La Haye, je préfère même les plaines arides des Castilles, aux plaines marécageuses des environs de Rotterdam.

« Noailles va aller à Madrid où il est nommé attaché il gagnera beaucoup au change, il était fatigué de ce pays de rhumatismes qu'il habite depuis trois ans.

« Montherot part le 24 pour Lisbonne. Son

père est venu remercier Mrs Guizot et Génie,
c'est un excellent homme, et Charles est le
phénix des amis, je souhaiterais pour lui qu'il eut
Mr de Bois-le-Comte pour ministre ou ambassadeur car c'est un grand ami de Mr et de
Mme de Lamartine. Bondy est revenu de Vienne.
Il a eu l'obligeance de s'occuper activement de
l'affaire de G... de, avec beaucoup d'intelligence
et il m'a dit qu'il réussirait probablement.

« Mme Cardinal nous a appris hier que Pelletan
se mourait. Voilà l'article nécrologique de cette
lettre. »

17 Octobre 1846.

Chère Mère,

« Si j'avais été hier soir à six heures au ministère, on m'eut expédié de nouveau à Bruxelles,
Mais comme aucun de nous n'était là à cette
heure on a fait partir un garçon. de bureau. Il
s'agissait d'aller chercher un paquet de dentelles
pour Mme Duchatel, j'ai été charmé d'avoir esquivé
cette corvée, qui m'aurait donné l'apparence d'un
homme comblé, que j'ai la prétention de ne pas
être. Je veux au contraire faire considérer ma

course à la Haye comme une affaire de service
ce qui est la vérité du reste, et mon voyage a été
trop rapide pour qu'on puisse me jeter cette
course à la tête comme une récompense. Il va y
avoir un grand mouvement dans le personnel
diplomatique, Mr de Bois-le-Comte va, dit-on à
Madrid. Mr Bresson ira à Vienne, Mr de Sainte
Aulaire mis sous la remise, Mrs de Bourgoing, de
Fontenay et de Tallenay auront aussi leur retraite.
C'est un moment fâcheux que celui-là pour des
hommes qui ont toujours vécu au milieu du
mouvement des affaires, et avec les dehors de
l'opulence. Ce changement est grand de passer
d'un traitement de ministre ou d'ambassadeur à
une pension de six mille francs, et d'une position
influente à une position sans crédit. Ce sont les
conséquences inévitables de la carrière diplomatique, et en admettant encore qu'en ait eu du
bonheur. J'espère que Mr de Carné (1) sera enfin
placé si le mouvement s'opère. Quant à la direction commerciale qui devait lui être donnée dans
le courant de ce mois, nous voilà au 17, et j'ai

(1) Comte de Carné 1804-1856 secrétaire d'ambassade, député du
Finistère en 1830 — membre de l'Académie française en 1864.

aperçu Mr. de Lambert qui a l'air d'avoir retrouvé de la santé.

« Mon père doit aller à St Cloud (1) ce soir. Il prendra Alexis, nous voilà revenus à nos anciens domestiques et Alexis lui-même réapparait sur l'horizon. Adieu chère Mère, Bondy me demande d'aller fumer un cigare avec lui sur le boulevard des Italiens. »

Octobre, sans date.

Ma çhère Mère,

« Pendant que vous donnez des festins à St Vaast nous en donnons à Paris. Hier, Mr. de Montravel et Mr d'Orsay sont venus diner avec nous. J'avais fait faire un très beau diner, gibier et foie gras figuraient sur notre table, le dessert était digne du reste, et je m'étais précautionné de bons cigares. Afin de faire vis à vis à mon père dans cette circonstance, j'avais refusé une invitation de Montherot qui réunissait hier pour la dernière fois les jeunes gens qu'il a le plus fréquentés pendant son séjour à Paris et avec les-

____
(1) Sur une invitation du roi.

quels il est le plus lié. Le voilà maintenant lancé dans la vie de l'étranger, et s'il suit la carrière diplomatique jusqu'au bout ainsi qu'il en a le projet, il est probable qu'il ne passera plus à Paris une aussi longue série d'années, avant d'avoir les cheveux gris. Je suis allé le retrouver dans la soirée, et par la même occasion j'ai ramené en voiture Mr. d'Orsay à sa porte, et déposé Mr. de Montravel chez Mme de Serres sa parente.

« Nous avons une loge à l'Odéon pour ce soir. Je désire y aller pour voir les débuts d'un de mes anciens condisciples de Stanislas nommé Germain. Nous avons été en réthorique ensemble. Il a depuis servi en Afrique, et a donné sa démission de sous-lieutenant à la suite d'une marche forcée de plusieurs jours qui l'a éclairé sur sa vocation et lui a fait reconnaître qu'il n'en avait aucune pour l'état militaire. Quelque peu de goût que j'aie moi-même pour le fusil de munition et le briquet, je suis bien obligé de me résigner à en faire usage.

« J'ai essayé hier un habit de garde nationale, et je me suis trouvé fort ridicule sous ce harnais. Je suis allé voir Breteuil que je n'ai pas trouvé. Il a quitté La Haye peu de temps après moi, il est venu consulter Mr. Chomel pour savoir ce que voulait dire cette hémorragie de la bouche dont il est incommodé. Il parait que cette maladie est assez grave, le pauvre garçon n'a pas de chance il a longtemps habité le Mexique, Pétersbourg, Madrid, il est allé en Syrie, tout cela dans l'espérance d'être bientôt fait secrétaire de légation, et pour cracher le sang à La Haye sur les bords d'un canal croupi.

« La Tour d'Auvergne (I) est venu me voir à son retour de Saint-Paulet. Il a laissé sa famille en bon état et jouissant d'un temps magnifique. J'ai rencontré Mr. Ampère qui se carrait comme un pacha au fond d'un très beau coupé. Je ne l'ai pas vu autrement depuis votre départ. »

L'année 1847 allait commencer. Quoiqu'on fut à la veille du jour de l'an, Lamartine contrairement à ses habitudes se trouvait encore à Monceau, où il achevait « Les Girondins ». Par

(I) Le Prince Henri de la Tour d'Auvergne qui devint ambassadeur sénateur de l'Empire, et deux fois ministre des affaires Etrangères. Il fut toute sa vie extrêmement lié avec Charles de Jussieu de Senevier.

extraordinaire aucun hôte ne partageait la vie familiale du poète qui tout à son travail ne voisinait qu'avec sa sœur Mme de Cessiat, qui avait quitté Collonges avec ses trois dernières filles, Valentine, Cécile et Alphonsine, pour reprendre ses quartiers d'hiver à Mâcon, sa résidence habituelle. La distance n'est pas grande entre Mâcon et Monceau — quatre ou cinq kilomètres — Aussi de part et d'autre la franchissait-on souvent pour se retrouver ensemble.

Le départ de Lamartine pour Paris n'était plus qu'une question de jours, et ce fut alors que se produisit un petit événement qui troubla l'âme tendre et si maternelle de Mme de Cessiat, et fixa l'attention sur Alphonsine.

C'était une jeune fille au teint clair et frais, aux yeux noirs, à l'humeur toujours égale, et généralement gaie. D'une nature droite et franche, mais nullement expansive, elle vivait concentrée en elle-même, ne s'imposant pas, ni ne parlant de ce qui la concernait. En cadette bien élevée, elle se laissait effacer par la gloire de ses aînées dont deux, Alix et Célénie étaient déjà mariées, l'une au Cte de Pierreclos, et l'autre au baron de

Belleroche. La troisième, Valentine dont tout l'éclat d'une éblouissante beauté attirait sur elle les intentions matrimoniales de sa mère qui pensait marier ses filles par rang d'âge ; or Valentine après des fiançailles malheureuses et rompues, ne paraissait pas pressée d'en renouveler l'expérience. Si bien que ses jeunes sœurs Cécile et Alphonsine risquaient fort d'attendre indéfiniment leur tour, si La Providence ne venait à leur aide. Ce qu'elle fit....

Il se trouva que Mme de Cessiat frappée de l'ombre mélancolique dont se voilait souvent depuis quelque temps le visage d'Alphonsine, s'en tourmenta. Elle en parla à Lamartine qui résolut de faire avouer à sa filleule un secret qu'il devinait. Bon et paternel, il remplaçait auprès de M^{elles} de Cessiat leur père mort prématurément, et que les plus jeunes d'entr'elles avaient à peine connu. Ses nièces l'aimaient tendrement, et sans aucun mérite de leur part, car jamais oncle ne fut meilleur, plus aimable, plus séduisant.

Alphonsine en eut la preuve une fois de plus quelques jours plus tard. Que lui dit-il ? Ceci resta entr'eux. On sut seulement que Lamartine parla de Charles, de façon à prouver que ses multiples occupations et préoccupations ne l'empêchaient pas de voir clair autour de lui. Il ne doutait aucunement de l'affection profonde du jeune homme pour sa nièce, et sans crainte de se tromper il plaida sa cause auprès d'elle. Et cette cause était gagnée d'avance !

Par une coïncidence bizarre mais était-ce bien une coïncidence ? Lamartine plus d'un an auparavant avait composé pour Alphonsine à qui elle est dédiée, l'exquise poésie du « Moulin de Milly » (1) On en connait les strophes qui débutent ainsi :

> Le chaume et la mousse
> Verdissent le toit
> La colombe y glousse
> L'hirondelle y boit
> Le bras d'un platane
> Et le lierre épais
> Couvrent la cabane
> D'une ombre de paix

(1) Lamartine avait composé une poésie pour chacune de Melles de Cessiat quoique seule dans les harmonies « la Fleur des eaux », soit dédiée à Valentine.

Ma sœur que de charmes
Et devant cela
Tu n'as que des larmes
Ah ! s'il était là ! etc...

Coïncidence, prescience, ou clairvoyance ? Quoiqu'il en soit, il est probable qu'à son retour à Paris, il n'eut aucune peine à conclure des fiançailles aussi désirées d'un côté que de l'autre, et qui n'avaient rien d'imprévu quand on en connaissait les antécédents. Le sentiment qui les causait datait de loin, et reposait sur un passé inoubliable. Lorsque Cécile et Alphonsine avaient été confiées à Mr. et Mme de Lamartine après la mort de Julia, elles s'étaient trouvées fort dépaysées loin de leur mère et de leurs sœurs, et consternées de se sentir sous la direction de leur tante qu'elles craignaient beaucoup. Elle était bien bonne cependant, mais les petites filles ne comprirent que plus tard son admirable caractère, et intimidées par sa froideur, elles la subirent sans ressentir aucune attirance pour elle. Mme de Lamartine se préoccupa surtout de leur éducation, et très peu de leurs divertissements. Alphonsine et sa sœur n'eurent en réalité qu'un seul bonheur chez elle, celui d'y connaitre Laure et son frère, de se retrouver souvent avec eux, et de faire ensemble quelques grandes promenades dans les environs de Paris, auxquelles prenaient part leurs parents, et même parfois, mais rarement Mr. et Mme de Lamartine.

Une expédition de ce genre — à Montmorency si ces souvenirs sont exacts — resta mémorable entre toutes parce que le long de la route les enfants insconscients de ce qu'ils demandaient, pressèrent Lamartine d'improviser des vers, et lui s'y prêtant de bonne grâce, résumant les incidents du retour, dit en souriant :

> Une vieille bavarde
> Un postillon gris
> Un âne qui regarde
> La corde d'un puit
> Des roses et des lys
> Dans un pot de moutarde
> Voilà le chemin
> Qui mène à Paris

Sauf erreur ! car ces vers ne restèrent gravés que dans la mémoire des enfants qui s'en amusèrent longtemps.

Et puis comme tout passe, il arriva que Mme de Cessiat garda ses filles auprès d'elle, et qu'elles cessèrent de venir à Paris avec les Lamartine. Une correspondance avec Laure contribua pendant plus de dix ans — n'était-ce pas merveilleux à leur âge ? — entretenir fidèlement une amitié que la visite de Charles à Monceau renouvela et en partie changea.

Charles n'ayant pas encore de position suffisante pour se marier il fut convenu que ce projet de mariage resterait secret jusqu'au jour où il obtiendrait une recette particulière vers laquelle se tourna son ambition. Comme il fallait pour l'obtenir bien des démarches, et peut-être attendre longtemps, il continua sagement à rester au Ministère des Affaires étrangères.

Au mois de Mars suivant, sa mère retourna à Saint-Vaast, la correspondance entre elle et son fils reprit de plus belle.

14 Mars 1847.

Ma très chère mère,

« Je crois que cette fois je ne supporterai pas votre absence avec autant de philosophie que la précédente. Hier en entrant chez M. de Lamartine j'ai éprouvé un grand regret que vous ne fussiez pas avec moi. Nous sommes tous singulièrement déconcertés de votre départ, et ce matin la maison nous a paru très triste. Il y avait hier chez M. de Lamartine une réunion brillante. M. Molé (1) a été fort gracieux pour mon père. Il a extrêmement bonne tournure, cependant il se vulgarise comme les autres hommes par comparaison avec Mr. de Lamartine qui a été charmant pour moi. Mme de Lamartine était souffrante, et toussait beaucoup, Mme de Coppens (2) est venue seule chez son frère, Auguste (3) a la grippe, j'irai le voir aujourd'hui. M. de Carné nous a appris que sa nomination avait paru ce matin dans le « Moniteur ». Il s'inquiète bien de ma propre position quoiqu'il n'en connaisse pas les motifs secrets qui rendent encore plus désirable pour moi la prompte exécution des promesses de Mr. Laplagne. J'ai trouvé aussi rue de l'Université

(1) Le Comte Molé 1781-1855. Deux fois président du Conseil sous Louis Philippe.

(2) Eugénie de Lamartine Baronne de Coppens. Une des sœurs de Lamartine,

(3) Auguste de Coppens, neveu de Lamartine.

CHARLES-BERNARD DE JUSSIEU DE SENEVIER

Achille du Clésieux. J'ai témoigné de la surprise de le voir, et lui ai dit que je le croyais reparti pour la Bretagne. Ah ! bien oui, retourné en Bretagne ! Il compte rester à Paris jusqu'à Pâques.

« Et vous, pendant que j'étais au milieu d'amis aimables, dans un salon chaud, et bien éclairé, dont chaque lambris, et dont chaque fauteuil parle à mon cœur, et me rappelle d'heureux, paisibles, et lointains souvenirs, vous, vous rouliez en malle poste en compagnie de votre femme de chambre, sur une grande route solitaire et crottée, par une nuit d'hiver, En vérité l'amour maternel est trop rempli d'abnégation pour que je voulusse jamais être mère de famille. J'espère que vous aurez trouvé à Saint-Vaast un dédommagement à ce voyage, que les choses s'y passeront promptement et bien (1) et que vous pourrez prochainement nous revenir délivrée d'une grande inquiétude, Je vous prie d'écrire dès que vous le pourrez à Mme de Lamartine, et le plus souvent qu'il vous sera possible à Mâcon. »

(1) La naissance du premier enfant de Laure de Chaillié.

16 Mars 1847.

« Quoique je vienne de m'apercevoir que la Presse donne aujourd'hui un des feuilletons de Dumas, je n'en prends pas moins la plume pour vous écrire tant est grande l'influence d'une véritable affection. Hier soir, j'ai reçu une charmante lettre d'Alphonsine. Elle m'annonce qu'on m'attend à Mâcon que mon appartement est prêt, et parait désireuse de me voir arriver. C'est la nature la plus simple, la moins complexe, la plus droite, et la plus aimable qu'on puisse trouver. J'espère ne pas tarder aller en Bourgogne.

« Je suis allé hier chez Mr. de Lamartine qui avait reçu une lettre de Montherot dans laquelle il n'est question que de moi, dont Charles parle avec toutes les illusions de l'amitié.

« Alphonsine me dit qu'Emmanuel (1) lui a écrit de Rome qu'il était très content de la perspective de m'avoir pour beau-frère. Je suis aussi allé hier voir Mme de Coppens, et je lui ai fait

(1) Emmanuel Marquis de Cessiat. frère d'Alphonsine. secrétaire d'ambassade à Rome.

une longue visite grâce à laquelle je me suis aperçu qu'il n'était plus temps d'aller au Ministère. Elle m'a raconté ses démêlés à Péronne (1) avec Mme de Villard qui lui reprochait de mettre la nuit sur sa tête un foulard, et non un bonnet, et l'accusait à cause de cela de futilité. Mme de Coppens possède tout à fait ce naturel et cette simplicité particulière à sa famille, ce qui lui donne pour moi un grand charme. En sortant de chez elle, je suis allé avec Auguste me promener aux Champs-Elysées. Il y avait énormément de monde, et j'ai rencontré beaucoup de personnes de con- naissance entr'autres Mr. de Noailles qui m'a bien fait les honneurs de la Haye l'année dernière.

« Mon père ira demain voir Mr. Laplagne. J'irai chez lui samedi soir, je voudrais bien qu'il me tint parole. Cependant je prends patience, et

(1) Le château de Péronne appartenait à la comtesse de Villard une des tantes d'Alphonse de Lamartine dont il est question dans les confidences. Quoiqu'extrêmement bonne, elle avait un caractère difficile et autoritaire. Elle reprochait souvent à Mme de Cessiat de gâter ses filles, de les consulter sur un plaisir à prendre, ou une promenade à faire. Pourquoi les amuser ? N'étaient-elles pas assez amusés « d'être jeunes ». Pourquoi se concerter sur le but d'une promenade quand il suffisait de leur dire ; Mettez vos chapeaux nous sortons ! Elle était morte l'été précédent à l'âge de quatre-vingt-dix ans.

je cherche à être le plus raisonnable que je puis avec moi-même, comme avec les autres. C'est ce qu'Alphonsine fait de son côté, à ce qu'a écrit Mme de Pierreclos (1) à Mme de Coppens.

19 Mars 1847

« J'espère un peu recevoir une lettre de vous aujourd'hui mais ce n'est pas encore l'heure de l'arrivée du courrier, car il est d'assez bon matin. Mon père est déjà sorti pour aller au Ministère des Finances tâcher d'y voir M. Laplagne. Il faut pour pouvoir parler à ce ministre se lever à la même heure que si on avait l'intention de partir pour la chasse.

« Tout Paris s'était rendu hier sur les boulevards pour voir passer le convoi de Mr. Martin du Nord. Funérailles ou bœuf gras sont la même chose pour bien des gens. Il faut convenir au reste que l'enterrement d'un ministre se fait avec une grande pompe, et vaut la peine d'être vu. Presque toute la garnison était hier sous les armes, et une musique militaire excellente changeait une triste cérémonie en un fort agréable concert.

(1) Alix de Cessiat, comtesse de Pierreclos, la sœur aînée d'Alphonsine.

« Après avoir passé quelques heures au Ministère enfoncé dans une des bergères du salon bleu, et délectant mes oreilles aux sons qui leur arrivaient par les fenêtres ouvertes. Je suis allé voir Gustave de Raigecourt, que j'ai trouvé ainsi que son père. Gustave a fait atteler une petite voiture qu'il a acheté depuis peu, et nous sommes allés nous promener au bois de Boulogne. Une si grande quantité de voitures circulaient dans l'allée de Longchamps qu'il n'y avait pas moyen d'y tenir, et que nous nous sommes hâtés de nous rendre dans la partie solitaire du Bois ; et là allant au pas, et fumant nos cigares, Gustave m'a charmé par l'exposé de ses idées sur la vie et le monde. Elles m'ont paru avoir beaucoup de bon sens et de raison. La jeunesse toutefois s'y montre par trop d'inflexibilité.

« En revenant bien vite à la maison car il était tard, je passais par la rue de Babylone, j'ai rencontré une charmante patrouille ; c'est-à-dire les familles réunies de Montigny et Villequier au grand complet qui marchaient de front dans le beau milieu de la rue. J'ai pris quelqu'attachement pour eux tous, parce que leur type me plait. Après le dîner nous sommes allés chez Mme Cardinal. On se jette sur « Les Girondins ». Il parait que c'est magnifique, et que Mr. de Lamartine seul pouvait écrire l'histoire de cette manière. Je pense au reste qu'à Saint-Vaast vous avez lu le fragment sur Charlotte Corday. Quelle charmante peinture que celle de cette héroïne, et des premières années de sa vie. Je crois bien que dans le courant du livre il pourra se trouver quelques pages plus faibles, mais je suis sûr que la somme totale des beautés en fera un ouvrage tout à fait digne de son auteur. »

22 Mars 1847.

« La journée d'avant hier a fort bien commencé pour moi, car j'ai reçu dans la matinée votre lettre, et une d'Alphonsine. J'ai été très satisfait d'apprendre que vous n'avez pas trop froid et que vous faites de jolies promenades. Le temps s'est adouci à Paris et je crois que nous sommes enfin entrés dans le Printemps.

« Alphonsine m'écrit qu'elle est triste, et découragée parce que je ne vais pas à Mâcon, et qu'elle ne se sent pas de force morale, mais qu'elle compte bien sur moi pour empêcher qu'elle se trouve jamais dans des situations où elle en aurait besoin. Puis elle ajoute que cependant elle en a un peu, et me demande de ne pas m'effrayer de cet aveu de faiblesse. C'est une nature charmante que la sienne. J'ai apprécié dès notre enfance ses qualités, et je pense avec beaucoup de joie qu'elles sont pour elle et pour moi une garantie de bonheur. Je lui ai écrit que l'attachement que je lui porte datait des premières années de ma vie, et contenait en lui tout son avenir. Et en effet ce sentiment a gardé pour moi toute la fraîcheur des sentiments de l'adolescence. Je n'ai jamais souffert avec elle, tandis que nous avons souffert ensemble, nous nous aimons, mais nous partageons mille souvenirs pénibles, que le temps et le bonheur seuls peuvent effacer. Enfin, quand l'impression désagréable disparaît il reste l'expérience acquise, c'est là le bon côté.

« Je suis allé hier soir rue de l'Université. Il y avait énormément de monde. J'y ai vu M. Ampère, élégant de manières, mais négligé d'habits comme toujours. M. de Lamartine avait une fluxion, il n'en était pas moins empressé pour ses visiteurs.

Il est très content du succès des « Girondins ». La première édition est déjà épuisée, on en tire une autre de douze mille. On lui avait envoyé une quantité de fleurs et d'arbustes, ce qui donnait à son salon l'aspect d'une serre. J'étais d'abord allé chez Mme de Sainte Aulaire, qui était allé chez sa fille la Comtesse d'Arcourt.

« Je n'ai rien de décidé pour mon voyage à Mâcon. »

2 Avril 1847.

« Mon père vous a écrit à ce qu'il paraît une très longue lettre hier, de sorte qu'il me laisse aujourd'hui le soin de vous écrire et je me charge avec plaisir de cette douce occupation, quoique je craigne, bien que mes lettres au lieu de vous égayer comme par le passé ne vous attristent par l'humeur chagrine qui préside à leur rédaction. Je me porte très bien, mais je suis depuis votre départ dans des dispositions d'esprit fort mélancoliques, et sujet à des atteintes d'hypocondrie. J'éprouve un ennui profond, cependant je suis fort occupé, et le temps passe très vite. Je voudrais qu'il passa plus vite encore, jusqu'à votre

retour, et que quelque chose se décide pour moi.
Je suis bien aise sous certain rapport que vous
passiez quelque temps à la campagne, parce que
je crois que l'air de la mer vous est salutaire,
mais je regrette que vous soyez partie si prématurément, parce qu'il est probable que vous serez
obligée de passer encore longtemps à Saint-
Vaast, Laure n'accouchant toujours pas. Il y aura
demain trois semaines de votre départ. Ne vous
inquiétez pas de ce que je vous dis de moi. Je
n'aimerais vous savoir hésitant entre la nécessité
de rester à Saint-Vaast, et le désir de revenir à
Paris pour vous rassurer sur mon compte. J'espère
que ma disposition à l'hypocondrie passera quand
le temps sera moins affreusement désagréable. Il
souffle constamment un vent du Nord-Est violent
et froid sembable au Mistral et tout aussi fatiguant.
Quand vous m'écrirez parlez-moi beaucoup de
ce qui m'est personnel. Je me sens tout à fait
dominé par les préoccupations égoïstes.

« Ma tante a été très malade à ce qu'il paraît
la semaine passée, mais elle va tout à fait bien
maintenant, et son rhume est presque fini,
Mme Sainte-Beuve reprend de la verve, et des

7

jambes — voilà l'état des vieilles gens. Vous savez que je prends toujours beaucoup d'intérêt à leur longévité, ils sont les représentants du passé, et on aime en eux, ses propres impressions mortes ou détruites. Mr. de Carné est parti lundi pour surveiller sa réélection. Je n'ai pas revu les Lamartine, j'irai chez eux demain. Je ne sais du voyage de Cécile (1) que ce qu'Alphonsine m'en a écrit. En arrivant au ministère hier, j'ai aperçu tout d'abord la croix d'honneur à la boutonnière de Tharon. Je lui ai fait mon compliment sur cette distinction et lui ai dit que la certitude d'avoir 85 hommes de ligne à son enterrement s'il venait à décéder devait lui être bien douce. Je crois que ce n'est pas uniquement dans cette espérance qu'il aura accroché son ruban. Pour mon compte, il ne me fait aucune envie. Je n'aspire aucunement à ces espèces de distinctions, et si jamais j'en ai, c'est qu'elles seront venues me chercher, ce dont je les dispense de bon cœur (2).

(1) Cécile de Cessiat, qui devait venir chez les Lamartine pour un projet de mariage proposé par l'Archevêque de Bordeaux.

(2) Il ne fit en effet jamais aucune démarche pour être décoré. Il fut nommé Chevalier de la Légion d'honneur à la suite de sa belle conduite pendant l'épidémie de choléra à Livourne en 1852.

Mon ambition, c'est de gagner un peu d'argent d'une façon honnête et de rendre Alphonsine heureuse, et vous même, chère mère, ce qui peut très bien se concilier. Vous n'êtes pas très difficiles à contenter ni l'une, ni l'autre. Alphonsine ne me demande que mon affection, et elle la possède pleine et entière, et la fidélité de mon attachement est aussi pour vous ce qu'il vous faut, entremêlés de quelques divertissements, et j'aurais soin que vous soyez toujours bien mise, car il n'y a guère que moi qui m'occupe de votre toilette. »

4 Avril 1847.

« J'oublie si peu nos promenades que je suis allé hier depuis la Jonchère jusqu'à Versailles, j'éprouvais le besoin de faire de l'exercice.

« C'est dans tout ce pays que nous avons des souvenirs, et quoique assurément je m'y sois parfois beaucoup ennuyé, au point que ce n'est pas sans déplaisir que je me souviens de certaines heures de flanerie sous les chataigniers ; cependant l'ensemble de ces souvenirs m'est doux. Les années, assez nombreuses qui nous séparent de ces jours

là, et dont quelques unes ont été si pleines d'ora-
ges, les changements apportés aux lieux même,
la mort d'un grand nombre de personnes que nous
rencontrions dans ces allées, font que je n'y puis
passer sans ressentir un vif regret causé par la
rapide variation des choses. Mais il est impossible
de se soustraire à la loi de destruction dont tout
changement est une conséquence. Quoique vous
en disiez, les améliorations progressives de soi-
même, de position ou de fortune, sont les seules
compensations que le temps puisse apporter à ce
qu'il ravit. J'espère que l'avenir nous réserve cette
consolation. Je n'en doute même pas quand je
suis dans mes moments de lucidité d'esprit ; mais
lorsqu'une trop grande tristesse couvre tout de
son voile, je n'éprouve plus la même confiance,
et je sens m'échapper ma patience, cette haute
expression de la raison. Comme vous le savez,
j'ai été souvent depuis votre départ dans cette
mauvaise disposition d'esprit, qui laisse pressentir
la diminution des facultés, en même temps que
la perte de toute confiance en soi. Il en résulte
un état d'âme pénible, tendre, souverainement
fatiguant, que l'on comprend, que l'on analyse,

dont on sait la cause, et qu'on ne peut dominer. Vous ne me faites pas, vous même l'effet d'être très gaie. La petite phrase qui commence par : « toute la fortune du monde », n'est certe pas inspirée par un esprit d'agent de change, mais sûrement par une profonde mélancolie.

« Je pense au reste, qu'en présence de trois positions à faire, à refaire, ou à parfaire ; la mienne, celle de mon père (1), celle de Challié, vous soyez disposée (comme je le suis moi-même) à vous méfier de l'avenir. Je n'ai pas en parlant de nos positions, employé le cérémonial dont on se sert pour passer une porte, et je me suis mis le premier, parce que je vous avoue franchement qu'à cette heure, ma propre affaire est ce qui me préoccupe le plus. Hier Mr et Mme de Lamartine m'ont parlé, et m'ont témoigné le désir assez impatient de voir Mr Laplagne tenir sa parole. S'il tardait trop longtemps nous serions les uns à l'égard des autres dans une position sinon désagréable, du moins ennuyeuse.

« Quand je suis arrivé M. de Lamartine était

____

(1) Pour la députation.

avec M. Dargaud (1). Il nous a lu plusieurs pages très belles du troisième volume des « Girondins ». Il m'a fait l'accueil le plus aimable, et le plus affectueux. Mme de Lamartine est survenue sur ces entrefaites, et nous sommes restés assez long-temps seuls, car il n'est venu chez eux que peu de personnes à cause de la semaine sainte, et on est venu tard.

Cécile doit arriver cette semaine sous l'escorte du Receveur Général de Mâcon et de sa femme. Le mariage dont il est question (2) pour elle, a été mis en train par l'archevêque de Bordeaux. Elle va se retrouver femme dans cette maison qu'elle a quittée enfant. C'est un triste change-ment ; nous gagnons, nous autres, en devenant hommes, d'acquérir la pleine disposition de nous même et l'indépendance d'actes dont nous faisons parfois un si bel usage. Mais les femmes en

(1) Ami de Lamartine d'un esprit détestable. Il eut bien une certaine influence sur le poète, mais en exagéra la valeur dans ses souvenirs.

Il n'était nullement sympathique à la famille, et à l'entourage de Lamartine.

(2) Le projet de mariage n'aboutit pas. Cécile épousa en 1849 le baron de Beer, petit neveu de la Baronne d'Oberkirch, dont les livres de mémoires sur la cour de Montbéliard sont si intéressants.

entrant dans la vie positive abdiquent précisément cette précieuse liberté, et changent la protection gratuite et désintéressée de leurs parents contre la protection à titre onéreux d'un mari. La seule espèce de femmes qui ne soit pas à plaindre, est l'espèce chanoinesse, qui disparait tous les jours.

« Je reçois votre lettre, et aussi une d'Alphonsine, d'après laquelle je vois bien qu'un retard trop prolongé de M. Laplagne l'attristerait beaucoup. »

6 Avril 1847.

« Je suis en ce moment préoccupé de l'arrivée de Cécile. Elle doit être maintenant en bateau à vapeur, car elle vient par Dijon, et par la Loire. Je ne sais quelle sorte d'émotion je vais éprouver samedi en la revoyant dans le salon de la rue de l'Université. Je ne doute pas que je ne sente revivre en moi dans toute leur force une foule d'impressions, et de souvenirs. La tournure qu'ont prise les événements fait, grâce à Dieu, que je puis déjà considérer Cécile comme une sœur chérie, autrement son arrivée serait pour moi une grande épreuve. Je voudrais bien qu'elle fut encore à Paris lors de votre retour. J'aurais un vif regret qu'elle ne put diner au moins une fois avec nous dans ce même appartement où elle est venue tant de fois et que nous allons quitter. Vous pouvez facilement comprendre ces complications de sentiments, car quoique vous soyez vous même une nature très simple en toutes choses, vous avez aussi vos raffinements d'affection. Votre absence de Paris dans ce moment m'est dur, je vous assure, et je consentirais volontiers à étriller moi-même les chevaux qui vous ramèneront, quand même les pauvres bêtes seraient crottées jusqu'aux oreilles. J'ai écrit à Alphonsine que j'étais bien attristé de ne pas la voir accompagner sa sœur. Je crois que mon hypocondrie, et mon spleen proviennent aussi de ma trop longue séparation d'avec elle, que je supporte avec impatience et irritation, malgré ma raison habituelle et l'empire sur moi-même et mes idées, que je m'exerce à acquérir.

« En attendant vous êtes, ma pauvre maman, entre vos deux enfants, comme entre deux soucis. Je ne me fais pas scrupule de vous fatiguer de mes propres préoccupations parce qu'il est moins lourd de porter deux seaux que d'en porter un seul. D'ailleurs, je ne puis guère distraire mon esprit, qu'un nom rempli constamment.

« Mon père a dû vous écrire le récit de notre promenade à Enghien et à Montmorency. Je m'y suis assez distrait. J'ai gardé le souvenir de celle faite jadis à l'Ermitage avec M. de Lamartine et c'est de cette époque que date mon goût pour la vallée de Montmorency. Rousseau, depuis, m'a aussi intéressé à ces lieux dont il parle avec éloquence et au milieu desquels il a tant vécu par l'imagination et par les sens. Je ne dirai pas par le cœur. Mais je lui pardonne la bassesse de sa nature par amour pour son génie. Je commence à préférer avant tout, les facultés de l'esprit, on n'agit plus sur moi que par les dons de l'intelligence. Cependant je tiens essentiellement à ce que les personnes que j'aime aient de l'élévation d'âme. J'y tiens pour elles, mais pour les autres, je ne leur demande que des idées. L'incomplet est le fait de la nature humaine. Je connais un homme chez lequel se trouvent à un degré exceptionnel le cœur et l'esprit. C'est mon futur oncle.

« Mme de Girardin a fait un charmant feuil-
leton sur les « Girondins ». M. de Lamartine a
dû en être satisfait, Mme de Girardin a senti « Les
Girondins » tout à fait, comme je les ai sentis
moi-même. J'ai été on ne peut plus réjoui de son
appréciation du caractère de Mme Roland qui
m'a toujours été antipathique.

« Mon père rédige en ce moment un grand
rapport pour le Conseil supérieur, il doit le lire
jeudi, et d'ici là, il va passer toutes ses journées à
travailler. Il a peine à se résigner à rester tant
de jours sans aller voir ses créanciers, mais il
faut sacrifier le plaisir aux affaires ! »

8 Avril 1847.

« Dans deux jours il y aura un mois que vous
nous avez quittés ! Dieu sait quand je vous
reverrai ! Aussi quand je vous tiendrai de nouveau, je ne vous lacherai plus, je vous le promets.
D'ailleurs j'espère que vous aurez beaucoup à
vous occuper de moi. Je suis dans un moment où
j'ai plus besoin de vous que jamais. Vous devez
trouver que c'est une grande duperie que d'avoir

des enfants, de les élever tendrement, pour qu'ils vous donnent ensuite tant de soucis à l'époque où ils devraient au contraire dédommager des sacrifices qu'on leur a fait. Jusqu'à présent j'ai fait ce que j'ai pu pour vous être agréable, et je suis sûr qu'Alphonsine sera de son côté un élément de bonheur dans votre vie. Je sais bien qu'au fond du cœur, une mère préférerait toujours rester absolument seule avec son fils, mais cet état de choses finirait par créer une position ennuyeuse pour tous les deux.

« Nous sommes allés hier dîner chez G....de, Il n'y avait que lui et sa femme. M. de Nogent qui devait s'y trouver a été obligé de partir subitement pour l'Anjou, afin d'assister aux derniers moments de Mme de Nogent qui se meurt d'une maladie de cœur. Le dîner était fort bon, et Mme G....de n'était pas trop surexcitée. Il tombait une pluie battante, et pour aller jusqu'à la station, nous avons été obligés de nous envelopper dans nos cabans dont l'imperméabilité nous a garantis. G....de nous a accompagné avec une petite lanterne ; les bois mouillés commençaient à exhaler cet odeur de printemps à laquelle je n'en connais pas de préférable. Il tombe dans l'année une demi-douzaine d'ondées qui délectent tous les sens. La pluie d'hier tenait encore trop de la giboulée et était trop froide pour que je puisse la classer dans ces ondées privilégiées. G...de, en humeur poétique nous faisait, tout en barbotant, un récit qui n'était pas sans charme, de ses courses d'autrefois par de pareils temps à travers les bois de la Vendée, quand il faisait faire vingt lieues dans un jour à son cheval pour aller danser à Poitiers, ou bien quand il était à la poursuite d'un loup. Il y a beaucoup de qualités en G....de. Il a une nature généreuse et intrépide à laquelle il ne manque que du bon sens pour être complète.

« En allant à Viroflay nous avions dans notre compartiment un voyageur qui lisait « Les Girondins ». Vous ne pouvez vous faire une idée à Saint-Vaast du succès inouï de ce magnifique ouvrage. Aucune autre publication, pas même « Jocelyn » n'a eu un pareil retentissement. Je pense que vous n'en entendez pas le bruit à Saint-Vaast où le silence n'est troublé que par le clapot des vagues, les cris des mouettes, l'accent normand de quelque manant à yeux bleus, à nez et à menton pointus, et il le sera bientôt j'espère par les vagissements de l'enfant de Madame ma sœur.

« Je trainasse toujours un peu d'hypocondrie. « Les Girondins » et la quantité de lettres que j'écris ont cependant un peu chassé mes idées noires, mais je ne suis pas encore très solide. Nous avons fait mardi la tournée des ministres avec Mr. de Raigecourt qui promène avec assiduité sa désinvolture aristocratique dans le monde officiel ave lequel elle tranche souvent. Il se ménage par ce moyen un petit peu de crédit, dont nous savons combien il est disposé à faire usage pour ses amis. »

, 10 Avril 1847.

Enfin l'enfant est né ! Je m'en réjouis pour Laure et pour Challié, et je suis bien heureux aussi de vous savoir hors d'inquiétude. Voilà un des mauvais pas, que nous redoutions pour cette année, franchi sans accident.

« Vous avez écrit à mon père que ma dernière lettre vous a affligée par sa tristesse, et vous pensez que je regrette beaucoup l'appartement que nous allons quitter (1). Il est certain que ce ne sera pas sans quelque mélancolie que je sortirai des lieux où j'ai tant vécu par la joie, et par le chagrin, et où s'est achevé mon développement. La phase de ma vie qui s'est accomplie dans cette maison est la plus importante de toutes. J'y

(1) Sa mère se tourmentait du spleen persistant dont il l'entretenait ; le 8 avril, elle lui avait écrit à ce propos la lettre suivante :

« J'ai reçu ta lettre pleine de réminiscences qui m'ont assez attristée mon bon Charles, Pourquoi donc quand tu as une si douce, et je puis dire si belle perspective devant toi, regardes-tu toujours en arrière, plutôt qu'en avant. Il faut accepter la vie et ses transformations, comme Dieu a voulu que cela soit. Elle est dans tous les temps mêlée de bon et de mauvais, et le passé que l'on regrette tant, si on y réfléchissait bien, on verrait que les jours que nous trouvons maintenant avoir été sans nuages, ont été cependant traversés par mille soucis. Ils ne nous paraissent plus rien de loin, mais ils étaient bien réels dans le moment. Mon cher enfant, rien ne me fait plus de peine, et ne me trouble davantage que ta tristesse et ton découragement, Cécile est peut-être à Paris en ce moment. Je pense que c'est plutôt du plaisir que de l'émotion que tu sentiras en la revoyant. Dis-lui mille tendresses de ma part. J'aurais bien voulu qu'Alphonsine vint aussi. Je vais lui écrire. Je suis bien contente de voir que tu es aimé comme tu mérites de l'être, mon Cher Charles.

« Ta sœur continue à aller très bien. Son enfant est tout à fait gentil, on l'a ondoyé hier. Il a une nourrice qui ferait envie à une reine. Mais je suis bien loin de cette radoterie, qu'on aime ses petits-enfants autant que ses enfants. Pourtant ce petit m'intéresse assez, je ne puis te le dissimuler. Je pense que dans un an ou deux, j'en aurais peut-être encore un autre d'un autre côté...

suis entré enfant, et j'en sors homme. Et vous même que n'y laisserez-vous pas de souvenirs ? Mais le temps domine tout, il faut obéir à ses lois et ce sont celles d'un tyran. Espérons cependant que l'avenir nous garde encore quelques heureux moments dans des milieux différents. En somme, je dois me trouver satisfait de la manière dont les choses se sont arrangées pour moi, grâce à des circonstances particulières, dont je ne dois reconnaissance qu'à Dieu, et aux bons principes que vous m'avez donnés.

« Mon père va ce soir aux Tuileries, et viendra me retrouver rue de l'Université.

« Je lis dans ce moment outre « Les Girondins », « l'Essai sur l'indifférence » de M. de Lamenais. Je suis en train de beau style et de grandes idées comme vous le voyez.

« Je viens de recevoir votre petit sermon, dont je vous remercie.

« Je trouve cependant que la grande maternité s'y fait trop sentir. Je suis de meilleure humeur maintenant, à l'avenir n'attachez donc pas trop d'importance aux réminiscences que vous trouverez dans mes lettres.

« J'ai reçu une lettre d'Alphonsine qui me dit que pendant toute la semaine sainte, elle n'a prié Dieu que pour moi. Ses prières n'ont pas réussi à me faire obtenir un bien bon caractère, mais l'intention me touche.

« J'ai trouvé Cécile charmante samedi soir. Elle m'a reçu comme un frère de prédilection. J'ai admiré combien elle avait d'esprit et d'à-propos dans tout ce qu'elle disait, et à quel point ses manières étaient élégantes et gracieuses. Cécile n'a pas trouvé mon père changé, et elle a été très affectueuse pour lui. La plupart des habitués du salon de Mr. de Lamartine me font beaucoup d'avances, ce qui me fait penser que mes fiançailles sont plus ou moins devinées.

« J'ai reçu une lettre de Montherot pleine de mélancolie à cause de son peu d'avancement, mais ses lamentations ne sont déjà plus de saison car il vient d'être fait attaché payé. Il me dit que l'ambition ronge son cœur. Je ne m'en inquiète pas, car je connais trop bien l'homme qu'il est pour croire à une pareille assertion.

« Hier le ministère était fort bruyant, les conversations sur la course de dimanche m'ont cassé la tête. Nenflize est réapparue. Après un séjour de trois ans au Mexique et à la Havane, il ne se retrouve pas beaucoup plus avancé dans la carrière qu'à son départ, il en est assez triste. Il est venu m'embrasser avec une grande effusion. Le pauvre garçon est un vrai squelette, la fièvre jaune ne lui a laissé sur les os, que juste assez de chair pour qu'il soit encore en possibilité d'aller ennuyer Mr. Guisot.

« Cherissey est aussi arrivé, il a passé quelque temps à Saint-Petersbourg et plus d'une année à Berlin. La Presse donne ce matin des nouvelles d'Espagne, qui ne sont pas bonnes. Que de péripéties dans la politique ! En Grèce Mr. Colettis (1) domine les événements et ne permet à aucun de dévier de la direction imprimée par sa main.

« Vous dites que mon petit neveu me ressemble. Je souhaite qu'il ait plus d'esprit que moi. A propos d'esprit, mon père a fait hier une longue visite à M. Ampère, qui est fort agité de son élection à l'Académie française et prend la

---

(1) Jean Colettis. Il avait été ministre plénipotentiaire à Paris de 1836 à 1842. Il contribua à fonder en Grèce un gouvernement représentatif (1784-1846).

chose très au sérieux. Il est rempli d'attachement pour nous tous, et s'est réjoui d'apprendre la naissance du fils de Laure.

« Adieu, Chère maman, écrivez moi des lettres de nature à flatter mes sentiments et mes idées, c'est comme cela que je les aime. »

16 Avril 1847.

« Vous avez dans mon père un correspondant tellement assidu que je n'ai presque plus l'occasion de vous écrire. Je n'en suis pas très fâché puisque mes lettres ont le malencontreux privilège de vous attrister, en vous faisant sentir le contre coup de mes mauvaises humeurs. Il est bien certain que les uns et les autres nous avons tous mis à l'épreuve votre dévouement, et je me trouve bien faible de ne pas être plus gai, puisque j'ai obtenu la principale et la plus importante partie de ce que je désire. Mes accès de tristesse se renouvellent toutefois moins souvent et la distraction les dissipe complètement. Il n'existe malheureusement pour moi que deux espèces de distractions ; me promener dans la campagne, où me trouver avec les Lamartine. J'ai eu hier ces deux plaisirs. Comme je descendais la rue des Saints-Pères, j'ai entendu qu'on m'appelait, et j'ai vu que c'était Mme de Lamartine. Elle m'a fait monter dans sa calèche fort à propos pour me sauver d'une affreuse giboulée, et m'a mené jusqu'à la Madeleine où elle allait présider une réunion du Patronage. Comme sa conversation me plait toujours infiniment, et qu'elle était particulièrement aimable hier et plus affectueuse pour moi encore que de coutume, sa compagnie m'a fait grand bien. Elle m'a raconté, ce que je savais déjà par des gens du ministère, que M. de Lamartine était allé l'autre jour au spectacle, et qu'à son entrée dans la salle tout le monde s'était levé. Je lui ferai compliment demain sur cette royale réception. Je suis bien aise pour le public de cette manifestation, elle prouve qu'elle a compris « Les Girondins », que vous n'avez pas lu, et que par conséquent vous ne pouvez juger, et qui est un ouvrage de nature à exciter au plus haut degré l'admiration et l'intérêt.

« J'ai reçu une lettre d'Alphonsine, dans laquelle elle me fait, d'une manière très originale, compliment d'être devenu oncle, et me dit qu'elle voudrait bien comme moi n'avoir qu'un seul neveu; que pour elle, elle en a trop, qu'outre l'inquiétude qui règne constamment dans la maison qu'un des enfants ne fasse quelque sottise, ne se casse une jambe, ou se crève un œil, ils entrent dans sa chambre dès l'aurore pour lui dire, comme sa petite nièce Léontine de Pierreclos : « Ma Tante lorsque « malheureusement » vous serez au ciel, que me donnerez-vous ? » Alphonsine étant dans un moment de générosité lui a promis tout ce qu'elle voudrait, et a ensuite demandé au petit Belleroche ce qu'il désirait avoir lorsqu'elle serait au ciel « J'espère bien que vous n'y irez jamais » lui a-t-il répondu avec beaucoup de grandeur d'âme. Et Alphonsine ajoute « Si c'était une prophétie ! »

« Je me trouve bien stupide d'avoir du spleen, quand j'ai la certitude d'être aimé par une aussi charmante femme. La famille de M. de Lamartine est gracieusement traitée par la nature, et il y en a peu qui aient conservé aussi soigneusement les traditions les plus délicates de l'honneur.

« Quelque préoccupé que vous me voyez de mes grandes, et chères affaires ne doutez pas que je pense toujours autant à vous, et j'ai vu avec chagrin que vous vous affectez beaucoup de ma mélancolie et que vous prévoyez que je vous serai une cause de soucis cet été. Je ferai tout mon possible au contraire pour éviter de vous attrister. Mr. Laplagne tiendra peut être sa parole et dans tous les cas j'irai à Saint-Point. Il me suffit de quelques moments passés dans cette famille, pour relever mon âme et me rendre mon énergie.

19 Avril 1847.

« Samedi j'ai trouvé en arrivant rue de l'Université M. de Lamartine seul avec le prince de Monaco (1). Le prince parait extrêmement simple. Il est très aimable. Quand il est arrivé du monde, dont le maître de la maison a été obligé de s'occuper, son Altesse sérénissime a continué la conversation avec moi, ce qui m'empêchait de

(1) Le prince de Monaco Florentin Ier. Il avait succédé en 1856 à son frère Honoré V. Il fut lui-même remplacé par son fils qui prit nom Charles III.

m'approcher de Cécile qui allait au bal chez M. de Rambuteau (1) sous l'escorte de Mme d'Ecrigny. Je suis cependant venu à bout de quitter le prince de Monaco, qui administre ses petits états d'après les règles de la philosophie de Rousseau, bien différent en cela d'Honoré V. J'ai pu aller dire quelques mots à Cécile qui avait une très jolie toilette et qui est extrêmement amicale pour moi.

« Je déjeune aujourd'hui chez Auguste de Coppens avec sa mère et M. de la Royère. Nous devons n'avoir que des huîtres, mais en nombre infini. M. de la Royère est un très charmant médecin, il est allé en Orient avec les Lamartine, la médecine est ce dont il parle le moins ; il aime beaucoup les huîtres, et c'est pour lui en faire manger que Coppens l'a invité à déjeuner. Mme de Coppens a voulu s'associer à nous et j'en suis bien aise. Elle est ordinairement accompagnée par un gros chien noir qu'elle tient en laisse, et dont

(1) Le Cte de Rambuteau 1781-1869. Chambellan de Napoléon Ier puis préfet du Simplon, de la Loire, de l'Allier et du Tarn-et-Garonne, député de Mâcon en 1827, préfet de la Seine sous Louis-Philippe.

l'embompoint prouve la faiblesse qu'elle a pour lui.

« J'ai été frappé samedi de la douceur d'expression du visage de M. de Lamartine, si grave, si fait pour inspirer le respect. Je ne puis vous écrire longuement aujourd'hui, ayant trop à faire. »

20 Avril 1847.

« Mon déjeuner lundi chez Coppens m'a été très agréable, Auguste nous en a fait les honneurs d'une façon charmante. Mr. de la Royère cause fort bien, Mme de Coppens est dans des dispositions si bienveillantes pour moi, si partiales, que je ne saurais manquer de me plaire dans sa société. Nous sommes allés tous les quatre visiter la Sainte Chapelle. Je n'en connaissais pas l'intérieur qui est d'un pur et délicieux gothique. Il n'y a pas de murailles, ce ne sont que des vitraux placés entre des colonettes. Ces colonettes sont dorées et peintes de sorte qu'elles ont l'air de gros mirlitons. Il y a deux chapelles l'une sur l'autre, celle de dessus est la plus remarquable, mais la chapelle souterraine est aussi très intéressante, et elles sont également élégantes l'une et l'autre, dans leur forme, et leurs détails.

« Après avoir visité ce beau monument nous sommes allés chez Mme de Lamartine. Je désirais avoir de ses nouvelles, car samedi elle avait été obligée de quitter le salon, et s'était évanouie en rentrant dans sa chambre. M. de Lamartine en paraissait fort inquiet. Elle corrige les épreuves des « Girondins », toute la journée, et je crois que c'est un travail qui la fatigue beaucoup. Elle a encore pour assez longtemps cette occupation, car le tirage du sixième volume n'a pas encore eu lieu. En arrivant nous l'avons précisément trouvée occupée à corriger les épreuves avec l'assistance de M. de Champeaux et en présence de Cécile que cela n'avait pas l'air d'amuser. Mon père doit bientôt avoir une loge. Je tacherai de m'arranger pour qu'elle y vienne soit avec Mme de Coppens, soit avec Mme de Lamartine. Mes sentiments ne varient pas plus pour les personnes, que mon goût pour les choses. Je crois qu'il est rare d'avoir une anti-pathie pour les changements pareille à la mienne, aussi je veux tacher qu'il n'y ait jamais de rupture dans l'enchaînement de ma vie. Pour cela je n'ai besoin que de deux choses : la persévérance, et la raison. Cette disposition naturelle d'invariabilité, que j'ai reçu du ciel, est un excellent régulateur des actions, et il faut des éléments bien contraire pour le déranger si on le possède. Si cela arrive par force majeure, on rentre de soi-même dans la voie sans s'être cassé le cou. Je crois que c'est un grand avantage dans ce monde que d'être tout d'une pièce.

« Vous me négligez tant soit peu, je n'en ai pas moins la certitude que vous pensez à moi. »

22 Avril 1847.

« Jé suis heureux de penser que dans dix ou douze jours, mon père partira pour aller vous chercher. Je ne voudrais assurément pas que vous quittiez Laure avant qu'elle ne soit rétablie, mais heureusement son rétablissement se complète de jour en jour et je crois que lorsqu'elle sera en état de vaquer à ses occupations de mère de famille il sera bon de la laisser s'escrimer seule avec son enfant. Il n'y a personne qui s'entende mieux que vous à simplifier les choses, vous avez une vivacité de dévouement, et une action dans votre zèle qui devancent nécessairement l'inexpérience, ne laissent rien à faire, et ne permettent de rien apprendre. Je suis sûr que Laure, elle-même reconnaitrait la vérité de ce que je dis, et en conviendrait avec moi. Je vous ai donné des nouvelles de Cécile dans ma dernière lettre. Elle ne parait pas très charmée des bonnes intentions de l'Archevêque de Bordeaux, mais en plaisante très gaiement. Il y a dans tout ce qu'elle dit une malice charmante sans aucune causticité ; elle est bien délicate ; elle a été obligée de se coucher dans la journée parce qu'elle avait la migraine, et dans la soirée elle était tout endormie de fatigue et d'ennui. Son prétendant s'est montré sur l'horizon, il a une très bonne figure, et beaucoup de distinction. Si elle l'épouse il faudra qu'elle aille vivre à Bordeaux, loin de sa famille, avec une très grande existence il est vrai, mais je comprends qu'elle soit fort soucieuse de cette affaire. Mme de Pierreclos lui a écrit qu'Alphonsine avait une imperturbable confiance dans mon étoile. Plaise à Dieu que cette confiance soit fondée !

« Vous m'abandonnez de votre personne, et de vos lettres. Pour mon compte je vous serai toujours fidèle quand même vous ne le seriez plus, et je m'aperçois combien j'aime à être avec vous, aux regrets que j'éprouve de traverser solitairement les Tuileries, sans pouvoir nourir l'espérance de vous voir arriver par la grille de Flore, parée de ce châle rouge qui vous signale d'aussi loin que la lueur d'un phare ; ou bien de n'avoir pas à vous attendre au ministère ou après nous être reposés quelques moments dans le salon des Ambassadeurs, nous prenons notre course pour retourner dans notre tranquille quartier. Quand est-ce que ces innocents plaisirs me seront rendus ? J'espère que ce sera bientôt. Paris dans quelques jours va être la plus ravissante des villes. Je ne crois pas qu'il existe dans le monde quelque chose approchant de l'aspect de Paris au mois de mai. On parle des charmes de la campagne au Printemps. Fi donc ! Le beau moment de la campagne c'est l'été, l'automne, et même l'hiver, pour respirer, pour chasser, pour admirer les belles nuances de la nature. Mais il faut avoir le diable au corps pour s'absenter de Paris dans les six ou sept semaines qui se composent de mai et de la première quinzaine de juin. J'espère que vous ne serez pas possédée par le démon champêtre, ligué avec celui de la grande maternité, et que, dans quelques jours quatre chevaux galoppants sur des routes bien sèches vous aurons avec peu de fatigue remise à même de flaner de nouveau avec moi. Sinon je promènerai seul mes réflexions sur l'ingratitude des mères.

« Je ne ferai pas cependant comme ce pauvre Sir Henri Vassal Webster, dont la « Presse » annonce aujourd'hui le suicide causé par le spleen. Le mien va mieux, les brouillards qui enveloppaient mon esprit s'éclaircissent. Je m'accorde une raison saine et un bel avenir assuré. Aussi je suis bien impatienté lorsque mon état physique de malaise me domine au point de remplacer le contentement et la joie par la tristesse. S'inquiéter d'ailleurs est un signe de faiblesse, la force est toujours remplie d'espoir.

« Ce soir mon père doit aller aux Tuileries, et venir me retrouver chez Mr. de Lamartine. Il est allé jeudi chez les ministres de la rive gauche et chez le président de la Chambre. Il a reçu partout un accueil excellent et cordial. Mr. Duchatel (1) était souffrant, il n'y avait que la Ctesse Duchatel Mr. Sauzet (2) voulait lui faire manger des glaces, Mr. Cunin-Gridaine (3) s'est beaucoup plaint de l'abandon dans lequel nous le laissons ; Mr. de Raigecourt est au mieux avec les Cunin-Gridaine. Mme de Savaldy (4) et Mme de Champlouis ont été on ne peut plus gracieuses pour mon père et pendant qu'il causait avec elles, on a annoncé, le curé de Carthage. Le ministre l'a présenté à sa femme en ces termes : Mr. le « curé de Carthage, rien que cela ! » Comme ministre de l'instruction publique et comme membre de l'académie française, il aurait dû trouver une phrase plus correcte. A propos de l'académie, voilà Mr. Ampère qui en fait partie. Il s'est donné

(1) Cte Duchatel 1803-1867, ancien ministre. Il avait repris le portefeuille de l'intérieur en 1840, et partagea par la suite l'impopularité de M. Guizot.

(2) Mr. Sauzet (1800-1876), ministre de la justice.

(3) Mr. Cunin-Gridaine (1778-1859), ministre de l'agriculture et du commerce.

(4) Le Cte de Savaldy son mari (1795-1856), deux fois ministre de l'instruction publique. On l'avait surnommé : le clair de lune de Chateaubriand, parce que son style rappelait le sien. Cultivé et lettré, il fut élu membre de l'académie française en 1835.

bien du mal pour y arriver et ses amis ne lui ont pas fait défaut. Mr. Vatout s'est jeté en sanglotant dans les bras du roi. »

24 Avril 1847.

« Samedi je suis allé chez M. de Sainte-Aulaire aux finances, et chez M. de Lamartine, où je suis resté très longtemps, car j'y ai trouvé une foule de gens de connaissance. Cécile a fait les honneurs du thé de la manière la plus charmante, il est impossible d'être plus aimable qu'elle ne l'est, et d'avoir dans le monde une attitude plus prévenante. Elle écrit tous les jours à Mâcon. On y est émerveillé de ce zèle et on lui répond très exactement pour l'encourager dans cette voie. Alphonsine dit que c'est une immense preuve d'attachement qu'elle donne à sa famille en écrivant si souvent, car elle a en horreur les plumes et l'encre. Quoiqu'elle aime beaucoup le monde et peu le travail, elle a cependant l'esprit sérieux. Alphonsine regrette que nous quittions notre maison de la rue de l'Ouest, moi-même je suis fâché de notre déménagement dont il faut bien prendre mon parti.

« Hier je suis allé à pied à Viroflay en traversant le parc de St Cloud. Il faisait une ravissante
journée de printemps. Le parc était délicieux de
verdure naissante, et d'arbres en fleurs. Quel bienfait que le beau temps ! Cela forme à soi seul
une grande partie du bonheur humain. Quand
je suis arrivé, mon père qui devait venir m'y rejoindre n'y était pas encore ; il avait manqué le
convoi de quatre heures, il a été obligé de prendre
celui de cinq. Nous avons trouvé chez G.....de
un diner tel quel. Sa fortune du pot n'est pas
brillante pour le moment, le menu était assez
misérable. Il a pourtant l'ancienne cuisinière en
second de Mme Cunin-Gridaine. Le nom au pouvoir me fait penser de vous dire que mon père
reçoit beaucoup de politesses de la part du gouvernement. Il est invité pour mercredi à un spectacle au château (1) et dimanche à une soirée
chez Mr. de Montalivet (2). Je suis bien aise de
cette dernière invitation, Mr. de Montalivet est
une très ancienne connaissance pour nous, et je

(1) Château de St-Cloud.
(2) Camille Bachasson, Cte de Montalivet 1801-1880. Pair de France,
plusieurs fois ministre de 1830 à 1836. Elu sénateur inamovible en 1879.

regrettais la discontinuité de nos rapports avec lui. Les souvenirs du ministère du quinze avril me sont restés doux, malgré que la grande influence, qu'avait alors mon père, ne nous ait pas servi à grand chose.

« Je viens de recevoir votre lettre. Je ne doute pas que la lettre que vous avez reçue de Mme de Benfvier (1) ne soit originale et charmante parce que je sais qu'elle est capable d'en écrire une pareille. »

30 Avril 1847.

« Mon père vient de partir pour aller voir le roi, avec le Conseil d'Etat. Je suis resté seul dans cette même chambre où nous avons été si souvent réunis et cette solitude me fait sentir davantage la nécessité d'introduire une personne de plus dans ma vie. J'ai reçu ce matin une charmante lettre de la personne en question. Elle me dit qu'elle vous a écrit. Je vous prie de lui répondre de la façon la plus tendre, la plus affectueuse. Mais je n'ai pas d'inquiétude à ce sujet, car je

(1) Née Raigecourt, elle était entrée au couvent après la mort de son mari.

sais que vous m'aimez trop moi-même pour ne pas aimer une femme aussi attachante, et qui est l'objet de mon affection. Je sens bien que si ce mariage avait manqué, toute ma vie s'en serait ressentie. J'ai reçu une lettre de Montherot ; il me dit que sa nouvelle grandeur d'attaché payé lui donne le vertige. Que serait ce donc s'il avait eu le bonheur d'être comme Mr. de Chateaurenard envoyé dans le Grand Duché de Bade, en qualité de chargé d'affaire, avec 25.000 frs de traitement ? Chateaurenard est pourtant moins ancien au cabinet que Montherot et moi et il a, à peine vingt deux ans. Au reste cette brillante fortune ne me fait aucune envie. Toute mon ambition est de vivre avec Alphonsine, de lui amasser le plus d'argent possible, de la rendre heureuse, de vous rendre heureuse aussi ma chère mère, car je n'omettrai jamais de vous donner dans mon existence la part qui vous revient. Montherot me dit que M. de Ferrière (1) est arrivé à Lisbonne avec sa femme et sa belle-mère, et que ces dames sont aimables. Il a joué une fois la comédie sur

(1) Ministre de France à Lisbonne.

un théâtre de Société et a enlevé la salle. Il me raconte tout cela, en y ajoutant une foule de choses amicales. C'est un grand bonheur pour moi d'avoir précisément mes meilleurs amis dans la famille d'Alphonsine. Et il y a douze ans que je prépare le dénouement auquel je touche !

« Je viens de relire « Jocelyn », en attendant le cinquième volume des « Girondins ». C'est pour tout le monde un magnifique et ravissant poème, mais pour moi, c'est quelque chose de plus. Il s'y retrouve tous les parfums de sentiments sublimes, de pensées élevées et nobles, d'imaginations gracieuses qu'on respire dans l'atmosphère de M. de Lamartine, quand on a le bonheur d'être admis dans son intimité. Il est de ces hommes d'une nature privilégiée, à qui Dieu concède le don d'éclairer les esprits et de purifier les âmes par leur contact.

« Je ne crois pas que nous allions demain soir rue de l'Université. Nous comptons aller dîner à la campagne. Je pense d'ailleurs que M. de Mackau (1) aura invité Cécile à venir voir le feu

(1) Ministre de la guerre.

d'artifice et que Mme de Lamartine l'accompagnera. Nous irons dimanche, avant que mon père n'aille au raout de Mr. de Montalivet. J'irai ensuite prendre une glace chez Mr. Cunin-Gridaine, chez qui je n'ai pas mis les pieds de l'année.

« C'est donc demain le premier mai. Il y a neuf ans, nous sommes allés avec Alphonsine contempler le feu d'artifice du haut des tours de Notre-Dame. Mon père était allé diner chez Mr. de Vatry (1) Il y a déjà neuf ans de cela ! Il me semble que c'était hier ; il avait plu toute la journée, et nous étions allés néanmoins nous promener au Bois de Boulogne, et nous cheminions malgré la pluie, dans une contre allée, suivis par la voiture, ce qui émerveillait les modestes piétons qui passaient ayant des mouchoirs noués autour de leurs chapeaux et qui pensaient sans doute que, s'ils avaient eu une voiture à leur disposition, ils en auraient fait un tout autre usage. Je me rappelle d'une façon minutieuse les moindres détails des jours de ma vie auxquels était mêlée Alphonsine.

---

(1) Vatry (Alphée de), aide de camp du Prince Jérome durant les Cent-Jours; puis agent de change sous la Restauration, il gagna dans des opérations financières une grande fortune; et enfin député.

Le mois de mai qui rend les feuilles aux arbres, me rendra-t-il ma mère ? Vous n'avez pas l'air de songer le moins du monde à votre retour. Je pense que quand Challié aura pu rejoindre Saint-Vaast, vous croirez pouvoir quitter Laure, pourvue d'un mari, pourvue d'un enfant, pourvue d'une nourrice, et sous la garde de deux douzaines de matelots. Cependant, si vous désirez passer le mois de mai à la campagne, et si vous pensez que cela fut bon pour votre santé et pour vos yeux, je m'y résignerais, mais en soupirant... A propos d'yeux, c'est cette semaine qu'on a dû faire l'opération de la cataracte à Mme Récamier. Il faudra que je passe à l'abbaye au Bois pour savoir si elle a réussi. Pauvres yeux ! que de grandeurs évanouies, que d'illustres personnages morts maintenant ils ont contemplés ! Peut être avaient-ils bien fait de s'envelopper de ténèbres pour ce qu'il leur restait à voir dans ce monde. Mais leur propriétaire n'est pas de cette opinion, puisqu'elle cherche à les rendre à leur destination naturelle, qui est de voir, plutôt que de se contenter de la nuit mélancolique que je leur souhaitais, en individu qui en parle bien à son aise. M. Ampère a déclaré devant moi, qu'il donnerait le fauteuil qu'il vient de conquérir à l'académie française, pour sauver l'œil de son amie, s'il le fallait. Mais je ne l'ai pas entendu parler d'un de ses yeux à lui... l'amitié a des bornes. »

4 Mai 1847.

Nous sommes allés avant hier soir chez M. de Lamartine, quoique ce ne fut pas samedi. Il y avait assez de monde, M. de Lamartine était très aimable, comme il est toujours dans l'intimité. Il s'apprêtait à partir le lendemain, pour aller au delà de Montmorency faire une visite à un vieux curé qui a assisté à la mort des Girondins, et il craignait beaucoup qu'il ne fasse mauvais temps. Cécile est allée voir le feu d'artifice chez Mme de Chastenay, dont l'hôtel a un balcon sur la place Louis XV. Je crois que le mariage qu'on projetait pour elle n'aura pas lieu. Elle m'a montré un petit médaillon de Robespierre, qui trainait sur la table, et m'a parlé du ton du plus profond mépris de tous les gens de la révolution. Elle n'en trouve pas un seul vraiment intéressant, dans aucun parti. Elle déteste également notre révolution d'après ses résultats et dans ses auteurs. Elle est faite pour vivre au douzième siècle, et pour avoir un chevalier bien dur aux coups, car elle aurait, je crois, exigé qu'il se fît donner de bons horions pour elle, et elle aurait très bien sû l'engager à les aller recevoir, car elle a tout ce qu'il faut pour inspirer un grand attachement. Alphonsine m'écrit qu'elle lui manque beaucoup et que son absence fait un grand vide dans la maison, où on voudrait bien l'y voir revenir. Si elle s'y était trouvée ces jours derniers, elle aurait assisté à la mort d'une de ses cousines, Melle de Surigny, qui vient de succomber à seize ans des suites d'une maladie de poitrine. Alphonsine est fort triste de cet événement, elle m'a écrit en revenant de l'enterrement une lettre assez mélancolique. »

11 Mai 1847.

« Vous êtes sans doute très occupée des modifications ministérielles dont Mrs. Laplagne et Mackau ont été victimes. Nous ne savons encore si Mr. Laplagne a tenu, avant de partir, les engagements qu'il avait pris avec nous, mais je crains bien que non, car il parait qu'il a éprouvé une violente irritation de son renvoi, et je pense qu'il aura été avant tout préoccupé de lui-même.

« MM Guizot et Duchatel mettent des collègues à la porte comme de simples expéditionnaires, ils n'en sont pas moins politiquement bien malades tous les deux. C'est d'eux, que la Chambre est lasse, et cette tentative de rajeunissement. qu'ils viennent de faire ne retardera leur propre renversement que de quelques mois. Il faut avouer que je n'ai pas de chance ! Je conserve toutefois l'espérance que, nonobstant ce qui vient d'arriver, je serai très prochainement nommé. Nous irons ce soir rue de l'Université. Je pense que nous les trouverons tous fort déconcertés, lui, Mme de Lamartine et Cécile. Nous y serions allés hier, si je n'avais sû qu'ils étaient au théâtre français, Cécile m'ayant dit que Melle Rachel leur avait envoyé sa loge et les avait invités à venir la voir dans Athalie. Je déjeunerai cette semaine chez Mme de Coppens avec elle (Cécile, pas Melle Rachel). Mme de Coppens se tourmentait beaucoup du changement de ministre des finances, à cause de son fils et à cause de moi.

« Samedi soir, je suis allé avec Rossemorduc, que j'avais rencontré chez Mr. de Lamartine, faire visite à quelques officiers de cavalerie, à la caserne du quai d'Orsay. Je suis resté avec eux à fumer jusqu'à une heure du matin. Ils regrettent qu'il n'y ait plus d'émeutes, ils s'étaient fait faire des sabres particuliers pour venir en garnison à Paris, et ils n'auront pas l'occasion de s'en servir. La cavalerie a une horreur excessive de la populace, un véritable instinct de lui courir sus.

« Hier je suis allé à St-Roch, pour entendre de la belle musique, cela m'a apaisé les nerfs, Le spectacle au restaurant de deux individus mangeant chacun un os de cotelette avec un air carnassier m'avait mis sans dessus dessous. Tout le monde mange mais il est très rare qu'on sache manger. Cependant c'est une chose très sociable que d'éviter les bruits et les expressions féroces. Que cette facilité à m'impatienter ne vous fasse pas supposer que je suis malade. Au contraire mes soucis réels en augmentant ont diminués mes inquiétudes hypocondriaques. Le temps, du reste, devient très beau et très chaud, et j'en éprouve une grande satisfaction et beaucoup de bien être. Je ne suis pas inquiet outre mesure de ce qui se passe, mais seulement tracassé et contrarié.

« Je reçois votre lettre, je suis bien aise de voir que vous ne vous affectez pas trop du départ de Mr. Laplagne. Il a très bien parlé à la Chambre hier, et je crois qu'il ne tardera pas beaucoup à revenir au pouvoir. J'espère bien cependant ne pas attendre cet événement pour être placé, et qu'il aura, lorsqu'il reviendra au ministère, non plus à me donner une recette, mais à m'en donner une meilleure. M. Guizot a parlé de ses collègues, mis à la porte avec une insolence inouie et a dit, en propres termes, que c'était leur insuffisance qui était la cause de leur renvoi. Je crois qu'on commence à être bien lasse à la Chambre de cette outrecuidance, et qu'elle ne tardera pas à se débarrasser de ceux qui l'en fatiguent. Ce cabinet-ci expire évidemment de décrépitude. Je serais bien fâché si on ne réussit pas à lui arracher une situation pour moi, avant qu'il ne rendit le dernier soupir. Cunit, à mon âge, était déjà ce qu'il est maintenant, tandis que moi, avec mes diplômes de bachelier et de licencié, je reste le bec dans l'eau, et je vois mes intérêts les plus chers blessés et lésés par tous les tripotages politiques que je méprise et qui ne m'inspirent que du dégout, et auxquels je suis néanmoins obligé de m'intéresser.

« Mon père partira sans doute demain par la malle poste pour Saint-Vaast. Profitez du beau temps pour faire avant de revenir ici quelques bonnes promenades. Sur le bord de la mer, la brise tempère toujours l'ardeur de la chaleur, tandis qu'il n'est déjà plus guère possible d'aller se promener aux environs de Paris dans le milieu du jour à moins de s'imposer une corvée. J'ai un peu abandonné le ministère ces derniers jours, n'ayant pas bougé de chez M. de Lamartine. Outre l'af-fection que j'éprouve pour eux tous, j'ai pris l'ha-bitude d'être avec eux. Ils sont dans la grande intimité, ni si graves, ni si froids qu'avec le monde, et ils ne manquent même pas d'une certaine gaité. M. de Lamartine m'a fait hier soir un accueil charmant, il m'a reproché de ne pas être resté à dîner, et il m'a dit qu'il comptait si bien sur moi qu'il n'avait pas cru nécessaire de m'inviter et n'y avait pas seulement pensé, et que j'avais eu bien tort de m'en aller à cinq heures, à moins que cela ne me fut commode, il aurait quelqu'envie d'aller en Hollande, où la princesse d'Orange lui demande de venir avec Mme de Lamartine, lui promettant de lui faire elle-même les honneurs de la Haye. Mais son antipathie pour le Nord, l'emportera, je crois, sur la certitude d'un accueil princier, et il n'ira pas. Comme on m'avait demandé de venir de très bonne heure dans la journée je suis resté assez longtemps seul avec lui, et nous avons passé en revue des lots destinés par Mme de Lamartine à une œuvre de bienfaisance. Il s'est emparé d'un encrier, et l'a emporté dans son cabinet où était enfermée une meute prête à bien défendre cette capture. Mr. de Champeaux a été consterné quand il a vu que le n° 60 avait disparu, il l'a remplacé tant bien que mal par autre chose. Il est venu dans la soirée énormément de monde, plusieurs ministres, M. Trezel (1), M. Cunin-Gridaine, et M. X. Je l'ai montré à Cécile qui m'a dit : « Ciel qu'il est laid ! » J'ai été chargé par Mme de Lamartine de montrer les lots à

(1) M. Trezel 1780-1866 — Général de brigade — Ministre de la Guerre en 1848. Gouverneur de Paris de 1853 à 1856.

Mme Appony (1), qui est fort aimable, Mme Coppens a des façons d'agir que j'aime beaucoup. Je l'ai aperçue se tirant les cheveux devant une glace, parcequ'une de ses frisures était dérangée, et qu'elle voulait rétablir la symétrie. Elle m'a dit qu'elle s'occupait de sa parure, mais cela d'un ton si bon enfant, si souriant, si simple qu'on ne pouvait y trouver la moindre trace de vanité. Mme de Lamartine était admirablement mise et avait une tournure extrêmement noble. Elle avait été souffrante toute la journée, et je l'avais entendue se lamenter à sa femme de chambre et à Mme de Lagrange qui elle, par contre avait l'aspect de la santé. Sur les trois heures, la voix de Mme de Lamartine a pris un peu plus de force alors Cécile m'a dit : « Voilà ma tante qui ressuscite. »

24 Mai 1847.

« Comme il est probable que cette lettre ne vous trouvera plus à St. Vaast. Je vais la faire très courte, d'autant plus que j'ai la main raide d'avoir fait des armes et que j'ai de la peine à écrire, »

(1) L'Ambassadrice d'Autriche à Paris.

« Je suis allé hier soir chez M. de Lamartine que j'ai trouvé endormi auprès d'une fenêtre ouverte. Il s'est réveillé quand on m'a annoncé, et il m'a dit qu'il rêvassait. J'ai passé une heure charmante seul avec lui, jusqu'au retour de Mme de Lamartine, qui était allée prendre l'air avec Cécile, aux Champs Elysées. Ils étaient tous accablés de chaleur et m'ont dit que, s'il faisait encore aussi chaud aujourd'hui, ils partiraient après demain matin. Mais je n'ai pas d'inquiétude à ce sujet, et je suis sur que vous les retrouverez à Paris, ce qui me fait beaucoup de plaisir, car j'aurais été bien faché qu'ils partissent sans que vous les ayez revus, et sans que vous eussiez vu Cécile. M. de Lamartine est grave et hautain, mais cependant du plus doux commerce du monde, comme toute nature inaccessible aux mesquines préoccupations, et quoiqu'il rende peu l'affection, il paye celle que l'on a pour lui à sa manière, c'est à dire en charmant l'esprit et en le développant. »

« Je ne les verrai pas aujourd'hui et comme depuis le départ de mon père j'ai toujours été avec eux, cela va me manquer. Je vais aller au mariage de Blanche, plus encore à cause des X que pour toutes autres raisons, et en me trouvant au milieu de ce monde, où il n'y aura aucun Lamartine, il va me sembler passer d'une belle calèche à un vilain fiacre. Mais c'est accidentel, grâce à Dieu. »

Au mois de Septembre suivant Jussieu alla enfin à Mâcon y rejoindre sa fiancée, c'est de cette ville qu'il écrivit à sa mère le petit billet suivant :

Ma chère Mère,

« Je n'ai pas le temps de vous écrire une longue lettre parce que ces dames s'apprêtent à partir pour Collonges. Je vous écrirai de là tous les détails que vous pouvez désirer. Alphonsine a paru heureuse de me revoir, mais nous ne sommes sentimentaux ni l'un, ni l'autre, ce qui charme Mᵐᵉ de Cessiat. Mon voyage n'a pas été fort agréable à cause de la voiture trop arriérée qui me brouettait. Si vous tatiez d'une diligence vous ne voudriez plus vous déplacer. Heureusement les Chemins de fer s'avancent, celui de Lyon m'a paru presque fini. Adieu chère mère j'ai gardé un doux souvenir de vos adieux de samedi. »

De Collonges, 25 Septembre 1847.

« Vous vous seriez bien amusée si vous aviez été avec nous avant hier. Cécile, Alphonsine et moi nous avons fait une immense promenade. Nous sommes allés à Verchiseuil, qui est un village situé à trois lieues de Collonges. Cécile marche très bien quand elle s'amuse, ce qui lui casse bras et jambes le plus souvent c'est l'ennui. On a ici la vraie campagne, elle ne ressemble en rien aux environs de Paris. Quelque belle qu'elle soit, nous ne pouvons plus l'explorer maintenant aussi à notre aise parce que les Lamartine sont revenus, et ils veulent avoir tout leur monde autour d'eux, moi compris, car ils me témoignent une affection qu'ils ne montrent guère à personne. M. de Lamartine m'a dit de prendre des chevaux dans son écurie, aussi souvent que cela me ferait plaisir, pour aller me promener avec Alphonsine. Il en a dix très beaux dans ce moment. Mme de Lamartine pense que les promenades à cheval, en tête à tête, avec Alphonsine, ou même Cécile v étant, feraient trop de sensation dans le pays, elle nous a prié de l'attendre. Je crois qu'elle montera à cheval avec nous aujourd'hui, si le temps est beau. Nous passons nos soirées à Monceau au coin d'un grand feu de sarments, entourés de chiens, et causons avec Mr. de Lamartine. Il n'y a que lui et moi d'hommes au milieu de toutes ces femmes. Il les oblige impérieusement à le caliner. Moi, je suis assez gâté par elles sans le demander. Je suis même comme vert-vert dans le couvent des Visitandines. Je vais être inondé de bourses, de pantoufles, et de mouchoirs brodés.

« C'est Lundi que M. de Lamartine commence ses vendanges. J'ai le projet de le laisser au milieu des tonneaux et des grappes de raisins et de partir dans le courant de la semaine prochaine. Vous devez désirer me revoir, quoique j'espère que vous n'avez pas pris trop à cœur cette courte séparation. Pour moi, je trouve la France si petite que je ne comprends pas qu'on se sente loin les uns des autres fût-on à ses extrêmités. Il est si facile d'aller et de venir, et c'est si peu cher et si peu fatigant (pourvu qu'on ne prenne pas la diligence), qu'en vérité on peut se dire adieu en riant. »

Lundi 30 Septembre 1847.

« Je veux vous écrire ce matin car je mettrai cette lettre moi-même à la poste à Mâcon, où nous devons aller entendre parler M. de Lamartine à un auditoire de jardiniers. Je compte aussi me mettre en mesure de partir pour retourner à Paris Jeudi ou Vendredi. Je reviendrai probablement par Bourges où je prendrai le chemin de fer. Alphonsine et Cécile ont fait leur possible pour me retenir, mais je désire savoir ce que vous devenez, je vous ai laissée au milieu de cette terrible vie de Paris où j'appréhende un peu de retrouver gens et choses. J'y ai tout pris en grippe, et j'aimerais bien que nous fussions tous installés en province pas trop loin les uns des autres. Je voudrais bien aussi que l'année ne se passât pas sans que mon mariage fut possible. Mais je ne veux pas commencer à vous ennuyer de mes affaires.

« M. et Mme de Lamartine, Alphonsine et moi, sommes allés hier à cheval à Milly. M. de Lamartine avait à s'occuper de ses vignes de sorte que nous y sommes restés fort longtemps.

Il me demande souvent de vos nouvelles, ce qui est merveilleux pour lui. Mme de Lamartine est bien plus agréable dans l'habitude de la vie que je ne le pensais, plus occupée des autres que d'elle-même. Je ne comprends pas qu'elle ait été accusée d'égoïsme. Elle est au contraire très généreuse et très grande de sentiments, et je vous assure bien que vous n'avez pas dans vos relations une autre femme aussi supérieure qu'elle, à beaucoup près.

« C'est aujourd'hui que commencent les vendanges et déjà j'aperçois de ma fenêtre les vignes qui se peuplent de travailleurs. M. de Lamartine fera cette année pour cent mille fr. de vin. Année moyenne, ses vignobles lui rapportent quatre vingt mille francs. Les gens qui l'imaginent rêvant au clair de lune ne sont guère dans le vrai ; il est fort positif pour ce qui concerne son bien. Il me disait hier en riant, pendant que nous cheminions à travers les villages montés sur de beaux chevaux, que la démocratie s'arrangeait de son grand train de vie et que les chevaux de selle n'irritent pas la populace, qui ne déteste que les voitures. Cependant la sienne nous suivait amenant Mme de Cessiat et Cécile, et il ne paraissait pas craindre pour sa popularité qui est réelle, et qu'il a su conquérir sur une grande échelle, malgré ses formes hautaines et archi-aristocratiques.

« Il prétend qu'on arrivera à ne plus manger de viande et que c'est une habitude ignoble et dégoutante ; Mme de Cessiat trouve bien triste qu'avec un pareil dégout son frère ne puisse pas faire maigre un seul jour de l'année, à part le vendredi saint cependant.

« Mme de Pierreclos trouve que je suis un mélange bizarre d'enfantillage et de gravité, de naïveté et d'adresse. Trouvez-vous cela ? »

2 Octobre 1847.

« Je partirai demain et j'arriverai samedi à Paris, mais dans la nuit, ainsi qu'on ne m'attende pas, mais ayez la bonté de me faire préparer ma chambre. Ce n'est pas sans regret que je quitte Collonges, et si ce n'était le plaisir que j'aurai à vous revoir, je puis même dire que j'en serai désolé. J'y ai trouvé tant d'affection, des personnes si agréables, si bonnes, et d'une société si pleine de charme et d'élégance tout à la fois...

« Je suis allé hier, avec Mme de Cessiat, Valentine et Alphonsine, visiter un vieux chateau nommé Bergé. Du haut de ses remparts, on domine une campagne charmante composée de vallées riantes et de hautes collines. Le soir nous avons diné à Monceau ; M. de Lamartine nous a lu un superbe discours qu'il a prononcé lundi à la société d'horticulture, à l'occasion d'une distribution de médailles. Il a beaucoup ému son auditoire, en faisant allusion à ses souvenirs de prime jeunesse, et tout ce discours improvisé sur les fleurs est d'une grâce ravissante et de l'éloquence la plus élevée. M. de Lamartine peut être vu dans l'intimité à toutes les heures de sa vie, sans qu'il en résulte de désillusion, il pousse plus loin la réalité de l'idéal qu'aucune créature ne l'a jamais fait. Quoiqu'il ne soit ni tendre, ni affectueux tout en étant bon, il me témoigne de l'affection ; il ne me fait jamais de compliments en face, mais dit le plus grand bien de moi en mon absence. Il est si généreux que je l'ai vu, lundi matin, donner un billet de cinq cents francs à un pauvre tout comme nous donnons cent sous. Le maire de Mâcon me disait l'autre jour qu'il était le maître du pays, et qu'il y lèverait, s'il le voulait, une armée de quinze cents hommes. Quand on voit les hommages qu'il reçoit, et l'effet qu'il produit dès qu'il se montre, on ne doute pas de cette assertion.

« Il fait un temps superbe aujourd'hui, peut être irez-vous vous promener. Je vous escorterai bientôt de nouveau dans vos excursions, et nous parlerons un peu de Collonges s'il vous plait. »

Vendredi matin

« J'ai appris hier en revenant de Milly, que je n'avais pas la place que j'avais demandée dans le coupé de la diligence. On m'a répondu de Mâcon qu'il y en avait une de disponible pour demain. Je voulais la retenir malgré les instances d'Alphonsine et de ses sœurs pour me garder encore quelques jours à Collonges et je leur avais refusé de rester plus longtemps avec elles, quoiqu'il m'en coutat, lorsque M. de Lamartine s'est si gracieusement mis de leur parti, que ce puissant renfort a vaincu mes scrupules, qui sont causés par l'inquiétude que j'ai de votre sort. Je resterai jusqu'à Lundi.

« J'ai passé hier la journée à Milly avec M. et Mme de Lamartine, Alphonsine et Valentine. Nous sommes restés étendus sur les marches d'un escalier, qui est dans le jardin, à l'ombre de deux arbres verts, et quoique le soleil fut très chaud, on avait allumé un feu de pommes de pin. M. de Lamartine s'est mis à nommer toutes les plantes potagères que je comptais à mesure. Nous n'avons pu en trouver que trente sept ; il prétendait qu'il y en avait quatre vingt dix huit. Il n'a pas pu venir à bout de le prouver. Nous avons aussi parlé de choses plus sérieuses et de politique. A propos de politique. J'ai vu dans les journaux que le général Colettis se mourait. J'en suis bien faché, et je le vois encore fumer dans une grande pipe et causer dans notre salon de la rue de l'Ouest. Chaque année enlève quelqu'un qu'on a connu et aimé, et on voit naître des marmots qui sem-blent venir pour remplacer les vieux amis que l'on perd. C'est l'impression que me font les naissances par rapport aux morts, et c'est une cause de mon antipathie pour les enfants A propos d'eux, M.

de Lamartine pense que la population ne saurait prendre un trop grand développement, et il a beaucoup d'estime pour la fécondité du peuple chinois. Il dit que l'Europe puisera en lui des enseignements, des inventions, et des idées, tandis que je crois au contraire qu'elle lui imposera les siennes.

« Nous goûtons souvent avec du lait et du pain bis. Je vous regrette toujours, mais plus encore au moment de ces rustiques repas que vous aimez tant. J'avoue pour mon compte que je ne suis pas encore assez champêtre pour préférer le pain de seigle au pain de gruau. On mange dans ce pays un mets composé de beurre et de courges que je trouve très judicieusement nommé "ratatouille". Les vendangeurs s'en régalent, et Mesdemoiselles de Cessiat, ainsi que les Lamartine ne dédaignent pas cette purée fade et sucrée dont mon estomac à horreur. Le temps est très favorable aux vendanges qui sont superbes, plus belles encore qu'on ne le pensait à première vue. Il fait beau et chaud pendant le jour, et la nuit il y a des clairs de lune magnifiques. Je me suis promené hier une partie de la soirée sur la terrasse de Monceau avec

Mme de Lamartine. Nous avons découvert que nous n'étions, ni l'un ni l'autre, forts en astronomie, ce qui nous a fait regretter M. de Champeaux qui sait son ciel sur le bout des doigts.

« M. Cunin-Gridaine est donc sacrifié à son tour. Voilà au moins une réforme utile. M. Muret de Bord va relever le ministère dans l'opinion ! Quelle ridicule manœuvre politique ! On ne saurait se faire l'idée du mépris qu'on a en province pour nos gouvernants ; l'opinion est presqu'unanime contre eux ; ils compromettent gravement la dynastie.

« Partant lundi, j'arriverai mardi soir à Paris. Je ne vous écrirai peut-être plus. »

Le lendemain de son départ, Alphonsine de Cessiat écrivait à Laure de Challié la lettre suivante, qui ajoute ses impressions à celles de son fiancé.

Collonges, mardi 3 Octobre 1847.

« Je viens, ma Chère Laure, de vivre trois semaines charmantes. Le temps a passé si vite, et il n'en reste plus que le souvenir, mais aussi le souvenir est une compensation à l'absence. Vous avez été tout à fait présente avec nous. Il a été bien question du passé, nous nous sommes rappelés notre enfance et jeunesse, vous ne pouviez être oubliée. Ces retours sur ces époques déjà lointaines ont un grand charme pour moi, car dans ces années écoulées, je ne vois que le présage d'un heureux souvenir. Maintenant Collonges me parait un peu triste, quoique nous soyons dans un tourbillon de bals et de fêtes. Je crois que je me détache du monde, la brillante perspective de cette semaine, loin de me réjouir, m'effraie, et j'aspire à une vie plus calme. D'ailleurs je ne comprends le séjour à la campagne que dans les champs, et non dans les salons. Nous avons fait avec Charles de belles et grandes promenades ; vous nous manquiez tout à fait, pour nous croire dans les bois de St Germain ou de La Celle, aussi notre pensée allait sans cesse vous chercher à St Vaast, hélas si loin d'ici.

« Aujourd'hui le vent et la pluie se confondent, il fait froid, nous ne quittons plus le coin du feu. Je pense avec effroi qu'il faudra que j'aille au bal ce soir. Je ne me sens pas d'humeur dansante, et la vue d'une robe blanche me fait frissonner. On commence à s'apercevoir que l'hiver n'est pas loin. L'automne cependant est une belle saison pour être à la campagne, c'est le bon moment pour faire des grandes promenades, nous en faisons beaucoup tant à pieds qu'à cheval. Cette année tout le monde est dans la joie parce que le vin coule à flot. Jamais on n'avait eu tant de raisins.

« Adieu, ma chère Laure, vous êtes l'amie que j'aime le plus. Mon affection pour vous ne peut ni diminuer, ni augmenter; elle est trop grande pour cela, et il y a tant de liens entre nous. Ecrivez-moi vite et souvent. Collonges ne peut se rapprocher de Saint-Vaast que par la pensée et les lettres, c'est pour cela que je réclame l'une et l'autre. Je vous embrasse de tout cœur. »

La séparation de Charles et d'Alphonsine dura plus de trois mois. Au mois de Janvier 1848, le jeune homme retourna en Bourgogne. Il était fort découragé ; le gouvernement s'éffritait et croulait lentement, les appuis qu'il avait su conquérir, disparaissaient les uns après les autres, il fallait en retrouver d'autres, patienter,.... bientôt il n'en eut plus le courage. Heureusement pour lui Mme de Cessiat s'avisa de trouver ennuyeuses et désagréables d'aussi longues fiançailles, qui commençaient à s'ébruiter. Elle se décida à brusquer la situation et profita du séjour de Charles à Mâcon pour lui exprimer le désir qu'elle avait de voir le mariage de sa fille s'accomplir au printemps suivant, quand même il n'aurait pas encore obtenu la situation qu'il briguait. Les deux fiancés furent enchantés de cette décision, quoique l'incertitude de l'avenir ne fut pas sans procurer à Jussieu quelques atteintes de ce qu'il nommait ses accès d'hypocondrie, et dont ses lettres se ressentent.

Mâcon, 24 Janvier 1848.

« Il me semble, Chère Mère, que vous me négligez bien. J'attendais une lettre de vous aujourd'hui. Elle viendra demain, j'espère.

« J'arrive du mariage de Mlle de Soultrait (1).

(1) Fille du receveur général des finances à Mâcon, avec le Comte de Thoisy.

Hier j'ai été au contrat, et aujourd'hui nous avons encore un bal à la recette générale. Alphonsine est charmante dans le monde comme elle l'est du reste à tous les instants du jour. J'ai été présenté officiellement par Mme de Cessiat comme le fiancé de sa fille. Elle désire que notre mariage ait lieu au printemps. Les circonstances sont très favorables dans ce moment pour avoir une place. Mr. de Soultrait m'a dit qu'il y avait actuellement trois recettes particulières vacantes, et une autre va l'être. Je vous prie de vouloir bien avertir nos amis, mais je crois que je n'ai pas besoin de vous faire cette recommandation.

« C'est un grand bonheur pour moi d'épouser Alphonsine. Elle est jolie, mais les qualités de son âme valent beaucoup mieux encore que celles de sa personne. Je serais parfaitement heureux si je n'étais inquiet de la tristesse dans laquelle je vous ai laissée et de l'ennui que vous éprouvez peut être. Il est étonnant comme la réputation qu'à mon père d'être bien en cour est étendue. Le préfet Mr. Delmas, en a parlé à Mme de Cessiat, et lui a dit qu'avec la bienveillance prononcée du roi et des princes pour mon père, il était étonnant que je ne fusse pas placé, et que je ne pouvais tarder à l'être. La vie très mondaine que je mène me fait regretter quelquefois la bonne habitude que j'ai de me coucher parfois à neuf heures du soir. J'agis bien différemment ici, je ne me mets souvent au lit qu'à trois heures du matin, et je me lève à dix heures. Alphonsine, sa mère et Valentine sont aussi fatiguées que moi des bals et des soupers, mais Cécile ne s'en lasse pas, et pour lui faire plaisir on sortira encore demain soir ; on a ajourné pour cela une course à Saint-Point, où Mme de Cessiat a affaire.

« Dimanche, nous sommes allés au bal de la Préfecture : nous nous y sommes bien ennuyés. La société va très peu chez le préfet, de sorte que l'on n'y trouve pas beaucoup de gens de connaissance, et il y avait une différence inouie entre le bal préfectoral et les autres réunions que j'ai vues, depuis mon arrivée à Mâcon.

8 Février 1848.

« Vous avez peut être passé aujourd'hui une journée solitaire dans votre petit salon, pendant que moi, je faisais une jolie promenade à laquelle j'aurais bien voulu que vous preniez part. Vous auriez trouvé un grand plaisir à voir les environs de St Point, si différents de ceux de Paris. Les brouillards dans lesquels se perdaient les sommets des côteaux leur donnaient l'apparence de hautes montagnes. A St Point l'extérieur du chateau ainsi que la vue que l'on a des fenêtres donnent parfaitement l'idée d'une des habitations si bien décrites par Walter Scott. Il m'a semblé au mois de septembre, lorsque j'y suis allé pour la première fois, que j'étais transporté en Écosse. Cette impression s'est renouvelée hier grâce au ciel d'hiver et à ses brouillards. Nous sommes partis le matin à sept heures, Mme de Cessiat, Alphonsine et moi dans un char à bancs, véhicule qui a l'inconvénient de ne permettre la vue que d'un seul côté sur le pays que l'on traverse. Nous sommes arrivés à St Point plutôt que nous n'y comptions, nous avons fait faire du feu dans le salon, où nous avons déjeuné, ensuite je suis allé me promener avec Alphonsine pendant que Mme de Cessiat s'occupait des affaires qui l'avaient amenée.

« Il faisait extrêmement doux, de sorte que le jour ressemblait à une journée pluvieuse d'automne. Nous nous sommes promenés assez longtemps dans un pays charmant, illustré par Lamartine. J'étais seul avec une fiancée que j'aime depuis toujours et que j'apprécie chaque jour davantage, et cependant je n'ai pas eu un instant de cet énivrement et de cette satisfaction complète, que, dans de pareilles circonstances, je pouvais espérer trouver. Il y a en moi un fond de tristesse que le temps seul pourra guérir et qui se dissipe beaucoup, je dois le dire dans le voisinage de ma chère Alphonsine, qui seule peut me faire oublier les troubles et les agitations intérieures qui ont pesé sur notre vie. Aussi je suis bien décidé à faire tout ce qui dépendra de moi pour la rendre heureuse — tout en songeant à vous assurer votre part de bonheur, comme j'espère que vous n'en doutez pas. J'ai bien du souci en attendant, ne sachant quand est-ce que je serai placé. Il paraît qu'on vient de donner plusieurs recettes. Mais je ne veux pas vous ennuyer de mes affaires comme Challié de sa promotion, ce serait trop désagréable pour vous de recevoir du

Nord et du Sud des lettres tracassières. Ne vous inquiétez pas trop de ce que je vous dis.

Pour revenir à Saint-Point, en y rentrant nous sommes allés visiter l'écurie, où il se trouve six chevaux qui passent leur vie dans de doux loisirs, et qui tournent la tête dès qu'on ouvre la porte, et regardent ceux qui entrent avec de beaux yeux intelligents. Nous leur avons donné du pain, et ensuite nous sommes allés caresser Black, Fog, et Gazelle, trois chiens, très bonnes bêtes. Nous avons aussi eu le spectacle de Haras montant au grenier pour y voler des noix. La manière dont ce gros et lourd oiseau franchit les marches de l'escalier, une à une, d'un air grave et majestueux, est assez divertissante. Enfin nous sommes allés rejoindre Mme de Cessiat au salon, et nous sommes repartis pour Mâcon, où j'espérais trouver une lettre de vous, pour bien finir cette charmante journée. Mais cette joie m'a manqué.

9 Février 1848.

Je reprends cette lettre ce matin, et en la relisant, je l'ai trouvée écrite sur un ton si grognon, que j'hésite à vous l'envoyer. Cependant, comme je n'aurais pas le temps de vous en écrire une autre et que je ne veux pas vous laisser sans nouvelle de moi, je prends le parti de mettre celle-ci à la poste. Ce qui m'avait mis de mauvaise humeur hier, malgré toutes les raisons que j'avais pour être heureux et content, c'était le bruit qui courait que les recettes vacantes étaient données. Tâchez de savoir ce qui en est, mais ne vous tourmentez pas de ce que je vous écris. »

14 Février 1848.

« Chère mère, je pensais bien que vous vous apercevriez que j'avais une petite atteinte de spleen, lorsque je vous ai écrit la dernière fois. Elle s'est heureusement dissipée assez promptement, et je crois que lorsque je serai marié et que j'aurai constamment Alphonsine avec moi, je serai définitivement délivré de mes idées noires. Si j'avais pu l'épouser il y a cinq ou six ans, je n'aurais pas passé par ma crise d'hypocondrie. Dès mon enfance, sa société m'était nécessaire, et vous vous souvenez qu'excepté elle et Cécile tout le monde, à peu près, m'ennuyait.

« J'ai reçu deux lettres de vous, depuis que je vous ai écrit, deux lettres bien aimables dont je vous remercie. J'y aurais répondu, si Mme de Belleroche n'était pas venue passer ce jour-là à Mâcon, uniquement pour faire ma connaissance, et c'était bien le moins que je restasse le plus possible avec elle. Il est impossible d'imaginer une meilleure et plus charmante femme! Le temps vous convaincra combien j'ai bien placé mes affections en les mettant dans cette famille que vous aimerez vous-même de plus en plus, à mesure que vous la connaîtrez davantage. Quant à Alphonsine, je suis sûr que vous en raffolerez.

« Je suis bien aise de voir que vous n'êtes pas trop délaissée et que vous recevez quelques visites agréables. Quelle illusion a eu Mr. de Villequier! Il ne se connait pas en hommes. Si A. possède encore les apparences pour lui, il faut avouer qu'on a raison de dire que les apparences sont bien trompeuses!

« Ce soir nous allons sautiller à la recette générale; je commence à être ennuyé des danses, et malgré cela je ne quitterai pas Mâcon sans un vif regret. Je partirai probablement au commencement de la semaine prochaine pour revenir à Paris, où, si je n'avais pas l'espérance de vous retrouver, je serais peu charmé d'y rentrer. »

15 Février 1848.

« Hier je vous ai écrit quatre pages d'une écriture que n'avouerait pas un chat. J'étais pressé parce que nous devions partir pour la promenade. Nous sommes allés sur les quais d'où on a, dans ce moment le beau spectacle de la Saône inondant la Bresse. Ces grandes nappes d'eau dans lesquelles se reflètent les rayons du soleil sont très belles. Il fait un temps superbe, l'influence du midi se fait sentir, il m'arrive par ma fenêtre ouverte un vent tiède, et j'aperçois au loin un horizon lumineux et les beaux détours de la Saône. J'espère bien ne pas rester longtemps sans revenir ici avec vous, et, comme nous serons alors en plein printemps, vous pourrez juger à quel point ce pays est joli. Je crains pourtant que vous n'ayez une préférence indestructible pour les haies et les prairies normandes et que vous en soyez comme M. de Villequier, qui a le mauvais goût de les préférer aux ravissants environs de Nice. Je suis certain au moins que les personnes vous plairont plus encore que vous ne l'imaginez.

« Mon père va bientôt prendre ses fonctions de juré. Je suis persuadé qu'il ne trouvera pas coupables les coquins sur le sort desquels il aura à décider. Il est si fort prévenu contre la cour d'assise depuis l'affaire Léotaut, et si bon aussi, que je crois qu'il innocentera des drôles patibulaires. Je crains pour la société.

« Voilà qu'il est cinq heures, je reprends cette lettre. J'ai passé ma journée dans la chambre de Valentine, avec elle, et Alphonsine, et leur conversation a dissipé une petite atteinte d'hypocondrie qui m'avait pris à St. Point. C'est une chose insupportable que cette disposition à la tristesse. Je désire que le mariage me la fasse passer. »

Jeudi soir.

« Chère mère, je suis bien touché de voir combien mon absence vous ennuie, et je suis charmé de ce que vous me dites de vos projets de vous arranger, pour être souvent avec moi, lorsque je serai à ma recette. Il faudra bien que vous fassiez en sorte de m'y venir voir, car dans les premiers temps j'y resterai beaucoup. Je tiens à me mettre parfaitement au courant de ces travaux, auxquels je suis maintenant tout à fait étranger. Alphonsine sera un attrait de plus pour vous, elle a vraiment toutes les qualités les plus charmantes et les plus solides. Je ne puis être heureux loin d'elle, et je crains extrêmement le moment de la quitter. Votre présence aussi est nécessaire à mon onheur, il importe au vôtre que vous aimiez Alphonsine aussi tendrement qu'une fille, ce qui ne vous coûtera pas grand effort lorsque vous la connaîtrez. Je crains que le mauvais état des affaires publiques ne soit un nouvel obstacle à ce que nous désirons. Je voudrais bien cependant que mon mariage se fasse au mois de mai.

« Que devient-on à Paris ? Qu'est-ce donc que ces pitoyables luttes pour lesquelles on ne trouve pas la chambre suffisante et on recoure au bastringue ? Il est possible que le banquet s'il a lieu, cause un mouvement populaire qui amènera des coups de fusils. Je n'ai pas d'inquiétude sur le résultat d'une émeute et je préfère tirer des lièvres avec le receveur général comme cela m'arrivera samedi, au plaisir non sans charme, mais bêtement dangereux de tirer quelques émeutiers rue de la Verrerie ou rue de l'Hotel de Ville. La vie à Paris me déplait de plus en plus. Je vous offre d'avance l'hospitalité dans mon établissement en province qui vous détachera de la capitale. Je n'aurais jamais cru M. Emile de Girardin capable de donner sa démission et d'écrire cette lettre ridicule. Je ne puis croire que les motifs sentimentaux, qu'il met en avant, soient les véritables. Il faut qu'il y ait là dessous quelque chose que nous ignorons. Il s'organise à Châlon un mouvement communiste; il serait temps que M. Guizot et M. Duchatel dont l'impopularité produit ces désordres consentissent à laisser échapper la vapeur : ce sont deux bouchons mal placés qui risquent de faire sauter la dynastie. La position du roi ne me parait pas meilleure que celle de Charles X, il y a vingt ans ; heureusement Louis-Philippe a plus de bon sens que son pauvre prédécesseur.

« Adieu, je vais me coucher, il est trois heures du matin. Nous sommes allés chez les Soultrait et nous n'en sommes revenus qu'à une heure. Je vous écris, avant de me mettre au lit, parce que je me lève tard et que je descend au salon dès que je suis habillé. J'y trouve tout le monde réuni pour le déjeuner et ensuite je ne puis plus répondre d'avoir un moment à moi, ou plutôt je n'ai pas le courage de le prendre. »

« Je partirai dans le courant de la semaine prochaine. Je serai heureux de vous revoir, quoiqu'au regret de m'en aller d'ici. Je trouverai mon père encore dans l'exercice de ses fonctions de juré. Je souhaite qu'il n'ait pas d'affaire Léotaut (1) à examiner. Adieu, j'espère que vous dormez à cette heure sans rêves tristes. »

Quelques jours plus tard Jussieu était de retour à Paris.

Le 24 Février, la Monarchie succombait. Lamartine, avec le courage et l'éloquence que l'on sait, luttait contre l'anarchie et restait victorieusement au pouvoir.

Pour Charles, la réalité alors surpassa le rêve.

(1) Le procès de Madame Lafarge.

Attaché non plus au cabinet de M. Guizot, évanoui dans la tourmente, mais bien à celui de M. de Lamartine, installé par sa volonté dans le salon même qu'occupait peu de jours auparavant M. Guizot, il eut encore la joie de se savoir nommé consul à Livourne. Mais étant donné la situation des événements, le trouble et l'agitation latente qui régnaient en France, Lamartine jugea convenable que le jeune homme restât, jusqu'à son mariage, à Paris.

Logeant au ministère, Charles ne pouvait faire que de brèves apparitions chez ses parents qui paraissaient peu satisfaits de la nomination de leur fils à Livourne. Avec beaucoup de bon sens celui-ci écrivit à sa mère le billet suivant.

« Chère Mère, hier je suis sorti de la maison assez triste et pourtant, je vous apportais une nouvelle vraiment miraculeuse. Lorsque M. de Lamartine m'avait parlé du consulat de Livourne, je ne connaissais qu'imparfaitement l'importance de ce poste. Je me suis renseigné et je vous assure qu'il faut que M. de Lamartine soit le meilleur et le plus généreux des amis pour avoir osé signer ma nomination. Tout son entourage lui en a fait des remontrances. M. et Mme de Lamartine les ont repoussées. On leur a dit qu'ils allaient attirer la foudre sur leur tête ; ils n'en n'ont pas tenu compte, ils me soutiendront tant qu'ils auront du pouvoir, et, s'ils le perdent, ma situation sera moins mauvaise que celle de la France.

« Je voudrais que vous vinssiez ici, avant deux heures, afin de voir Mme de Lamartine et de la remercier avec un peu de conviction et d'affection. Croyez qu'en qualité de mère vous lui devez bien de l'amitié. Ce qui vous attriste, quoique je le comprenne et l'éprouve moi-même, est puéril en présence de l'immense gravité des événements et du bonheur qu'il y a, à trouver un port de salut dans une pareille tourmente. A bientôt donc, chère Mère. »

Le mariage de Charles de Jussieu de Senevier et d'Alphonsine de Cessiat eut enfin lieu le 10 Mai 1848, en l'église de Saint-Vincent à Mâcon. Lamartine ne conduisit pas sa filleule à l'autel, les événements le retenaient à Paris, mais il invita les nouveaux mariés à venir faire un séjour auprès de lui après le voyage qu'ils voulaient accomplir en Suisse. Quant au départ pour Livourne, il fut fixé aux premiers jours du mois d'Août.

C'est à cette époque que reprend la correspondance de Charles avec sa mère. Sauf quelques rapides voyages en France pour y revoir leur famille, le jeune ménage allait désormais vivre à l'étranger, et cela contre tout désir et contre toute prévision. Leur première résidence fut donc Livourne où ils restèrent douze ans, et ce furent certainement les années les plus heureuses de leur vie ; aussi gardèrent-ils de la Toscane un souvenir ineffaçable. Etre heureux en Italie, c'est ajouter au bonheur. Mieux que tout commentaire, les lettres que nous allons transcrire feront connaitre l'existence charmante qui fut la leur dans ce beau pays.

Marseille, 10 Août 1848

« Nous sommes partis de Lyon de grand matin par le bateau du Rhône, et, arrivés à Avignon, nous avons laissé notre domestique continuer sa route par eau avec nos bagages et nous avons pris le chemin de fer, Alphonsine emmenant sa femme de chambre. Nous sommes en ce moment installés dans un grand appartement à l'hôtel des Empereurs. Il est impossible de voyager plus commodément, nous n'avons qu'à nous inquiéter de notre personne, nos domestiques sont intelligents et zélés et nous épargnent tout espèce de soins matériels. Le voyage en lui-même n'est pas cher, mon père et vous, pourriez venir me voir à Livourne sans dépenser tout-à-fait pour vous deux 500 francs, en étant toujours en premières.

La malle poste jusqu'à Lyon : 75 francs.

Le bateau jusqu'à Avignon : 20 francs.

Le chemin de fer d'Avignon à Marseille : 13 francs.

De Marseille à Livourne en bateau à vapeur : 80 francs.

Total : 188 francs.

« Maintenant il y a toujours quelques faux frais et les dépenses de nourriture, mais cela ne monte pas bien haut. Demain nous prendrons un paquebot sarde. La mer est fort calme, elle était superbe hier soir, lorsqu'en sortant du tunnel de la Nerthe nous l'avons aperçue reflétant une brillante lune du midi. Il fait une chaleur excessive en Provence, mais nous en sommes ravis Alphonsine et moi; nous nous faisons « pomper » par le soleil. J'éprouve un plaisir assez vif à être seul avec elle, car je ne l'avais guère à moi au milieu de sa famille.

« On a reçu à Mâcon avant notre départ une lettre de M. de Lamartine. Il parait enchanté du présent et de l'avenir. Il parle d'Alphonsine et de moi avec beaucoup d'affection et dit que nous sommes solides à Livourne. »

Livourne, 15 Août 1848.

« Nous venons d'arriver, chère mère, au terme de notre voyage. Nous avons passé la journée d'hier à Gènes, que nous avons visité en grand détail avec Mr. Martinez delle Rosa, qui nous avait pris en telle affection qu'il ne nous quittait pas plus que notre ombre. Il était d'une galanterie tout à fait espagnole pour Alphonsine. En me promenant hier dans Gènes au milieu de ces magnifiques palais, j'ai pensé à l'intérêt que mon père éprouverait, s'il les voyait et combien vous-même vous en seriez charmée. J'ai aussi pensé à vous en admirant sur la Méditerranée ces beaux clairs de lune dont les teintes sont chaudes et dorées, et non pas argentées comme dans le Nord. Venez donc me voir mon père et vous, dès que je serai bien installé ici. C'est un voyage nullement fatiguant, nous avons fait notre traversée très commodément, on avait disposé un appartement pour nous recevoir dans le bâtiment et Mr. Rostand avait consenti pour cela à perdre le prix de deux places. Nous étions seuls à l'arrière avec un cabinet de toilette.

« Je vous écrirai exactement les détails de ma vie ici. Nous sommes provisoirement logés à l'hôtel. J'ai fait la connaissance de Mr. Poggi, le chancellier du Consulat, il me sera utile pour les renseignements matériels, Emmanuel (1) est ici, il nous attendait depuis trois jours, et dans ce moment il est sorti avec Alphonsine. Il m'a découvert une villa que je prendrai peut être et qui est bon marché, mais je crains de ne pouvoir pas faire d'ici quelque temps de grandes économies......

(1) Emmanuel de Cessiat, alors secrétaire d'ambassade à Rome.

« J'ai été interrompu. J'étais sorti pour visiter des maisons. Les loyers m'ont paru très élevés et je n'ai rien trouvé pouvant nous convenir. M. Poggi et d'autres personnes m'assurent que la vie est presqu'aussi chère à Livourne qu'à Paris et je suis certain du contraire, mais je crains de ne pouvoir guère empêcher qu'on me la fasse pour moi ce qu'on m'a dit. Si cela était, je serais vite dégouté de mon consulat, car ce n'est rien d'avoir jeune un poste élevé et brillant, s'il ne permet pas d'assurer la sécurité du présent et l'indépendance de l'avenir.

« Je trouve doux et agréable d'avoir une belle place et de ne dépendre de personne. Mais il faut, pour que je sois tout à fait content, que je vois mon père et vous assis sur le canapé qui est près de moi dans mon frais cabinet. Je dis frais car c'est un grand mérite qu'il a, vu qu'il fait prodigieusement chaud à Livourne au mois d'août. Demain je ferai des visites au corps consulaire, et au gouverneur de la ville, et samedi je recevrai les français résidents à Livourne. Mr. de Lamartine m'a comblé, je lui dois une bien profonde reconnaissance que je sens vivement. Ecrivez-moi souvent, mais pas des lettres trop tristes, parce que de loin elles font mal. Cependant dites moi toujours la vérité, et ne me cachez rien, et annoncez-moi prochainement votre arrivée. »

25 Janvier 1849.

« Chère Mère, Alphonsine et Emmanuel vont venir tout à l'heure me chercher en voiture pour aller faire un tour de promenade. Autrefois c'était vous que j'attendais au Ministère des Affaires étrangères, vous souvenez-vous de cela? Vous vous reposiez un moment dans le salon bleu, et puis nous repartions ensemble. Quand vous verrai-je entrer dans ce cabinet d'où je vous écris à cette heure? J'espère que vous viendrez me voir cette année, cela serait bien triste qu'elle passe sans vous voir, et je regarderais à deux fois à aller à Paris, parce que d'abord qui quitte sa place s'expose à la perdre par le temps qu'il court, et qu'en outre la dépense de mon voyage, j'aurais à subir une retenue sur mon traitement, ce qui me reviendrait cher.

« Il parait que la marine nous adore, Alphonsine et moi. J'ai appris que tous les commandants qui sont venus à Livourne, depuis que nous y sommes, et leurs officiers sont partis chantant nos louanges, et faisant l'éloge de notre hospitalité. Il est vrai que nous faisons notre possible pour être aimables pour eux, mais je suis heureux d'avoir si bien réussi. Je cherche à faire honneur au choix qu'a fait de moi M. de Lamartine, et j'étudie avec soin tout ce qui a rapport à la carrière consulaire.

« Je viens de lire une lettre très curieuse d'une dame anglaise qui habite Paris, Lady Holland (1). Cette lettre m'a intéressé, mais attristé. Il paraît qu'en France, on tend à rétablir l'empire, et que les embarras que causent au président les exigances de sa famille et le tort qu'elle lui fait, est le principal obstacle à ce qu'il soit proclamé empereur, mais que vraisemblablement cet obstacle ne résistera pas au caprice du pays. Quel sombre avenir nous avons ! Après l'empire reviendra la monarchie Bourbonienne, après elle la république.

(1) Lady Holland, née Vassall, divorcée de lord Webster son premier mari. Très intellectuelle, elle recevait à Holland House toutes les notabilités littéraires ou politiques de l'époque.

Je crois que la république sera le dénouement du drame, tout en prévoyant que le drame sera long et sanglant, et que la république qui arrivera la dernière sera la seule qui durera, mais elle ne sera certainement pas unitaire. Quant aux affaires d'Italie, elles ne peuvent s'arranger qu'à la condition qu'une grande puissance s'en mêle, et plutôt cela arrivera mieux cela vaudra. A Rome, il n'y a aucun accord entre les partis, la république que veulent les uns n'est pas celle que demandent les autres ; il y a guerre ouverte entre Garibaldi qui est un aventurier, le prince de Canino qui est un brouillon et Sterbini qui est un rêveur. J'espère que le Pape, qui vaut beaucoup mieux que tout cela, sera remis en possession de la souveraineté d'une manière ou d'une autre. A Livourne et à Florence on est tranquille, les villes ont repris leur aspect accoutumé, et on ne s'aperçoit pas de l'absence du souverain. Nous n'avons toujours pas de nouvelles du Grand Duc. En partant il a laissé deux lettres adressées au président du conseil des ministres, dans l'une il dit qu'il part parce qu'il ne veut pas sanctionner la loi des élections pour la constituante italienne, dans l'autre il déclare qu'il n'a pas l'intention d'abandonner la Toscane à laquelle il est très attaché. Le vrais sens de cette phrase est seulement qu'il compte maintenir ses droits, car il n'est déjà plus dans le pays. Il est probable que les Autrichiens interviendront bientôt et ramèneront le Grand Duc, car la Toscane appartient à l'Autriche par reversibilité, et depuis longtemps ce sont des princes Autrichiens qui la gouvernent.

« Tachons de subsister au travers des tempêtes et de naviguer de conserve ; votre barque a de fortes avaries, mais la mienne est neuve et solide, je vous remorquerai plutôt que de laisser le gros temps nous séparer. J'espère que vous viendrez dans quelques mois me voir, et vous respirerez auprès de moi ce bon air tiède de l'Italie. Le printemps commence déjà dans ce beau pays ; il fait une température délicieuse, et un soleil voilé de brume qui donne une lumière douce et gaie.

« Nous lisons toujours avec beaucoup d'intérêt « Les Confidences ». Elles ne feront pas reprocher à Mr. de Lamartine d'être courtisan, il frappe durement sur Bonaparte, mais il est assez grand pour pouvoir dire ce qu'il pense, et n'avoir besoin de ménager personne. »

9 Mars 1849.

« Chère Mère. Nous arrivons de Florence, nous avons fait une délicieuse promenade revenant à petites journées dans notre voiture en passant par Pistoia, et cueillant des violettes le long de la route. Je vous ai regretté comme je vous regrette chaque fois que je fais quelque chose d'agréable. Florence est une ville délicieuse, on voit de tous côtés des marchands de fleurs, et les rues sont remplies de beaux équipages, le luxe des chevaux étant presque à la portée de tout le monde. On ne se douterait pas qu'on est en république en se promenant dans cette ville si riante, si animée, si on ne rencontrait pas par ci, par là des arbres de la liberté et des bonnets rouges. Ces objets qui ailleurs inspireraient la terreur ne sont que comiques à Florence par l'usage que l'on en fait. Ainsi en traversant, il y a deux jours la cour des Offices, j'ai eu le plaisir de voir les statues de Benvenutto Cellini, Michel-Ange et Galilée coiffées de bonnets phrygiens.

M. et Mme Walewsky (1) ont été très aimables pour nous, pourtant nous regrettons les Benoit-Champi. Mr. Benoit-Champi est un homme honnête et droit, sur lequel on peut compter, tandis que Mr. Walewsky ressemble un peu trop à ces ultra-conservateurs de la fin du règne de Louis-Philippe. Conservateurs aussi dangereux pour les affaires publiques, qu'ils sont peu surs dans les rapports privés. Peut être je le calomnie, mais il m'a paru bien indulgent pour les Guizot et les Duchatel à la réélection desquels il parait certain. J'espère pour mon compte que, s'ils font partie de la première assemblée, ils n'arriveront pas au pouvoir, ce serait bien triste pour la France de retomber aux mains de ces petits Machiavels manqués.

« Notre excursion en Toscane a été vraiment agréable. Nous avons eu un temps superbe. La route de Florence à Pistoia est très belle. Pescia que nous avons traversée est une charmante petite ville située aux pieds des Apenins sur le

(1) Le Comte Walewsky, 1810-1868. Ministre de France à Florence, puis à Naples et à Londres. Ministre des affaires étrangères en 1855, Président du corps législatif de 1865 à 1866.

bord d'un torrent. Vous ne pouvez vous figurer quel calme règne dans ces villes italiennes pour lesquelles la nature a tout fait, ne laissant aux hommes d'autres occupations que de vivre heureux et tranquilles. Le bien être est général, le luxe à la portée de tout le monde, du moins le luxe d'équipages et de chevaux, qui est le seul dont on se soucie, car les ameublements et les toilettes sont simples et on dépense peu pour sa table. Quand on a vécu en Italie, on devient difficile pour vivre ailleurs. Cependant j'aimerais assez dans quelques années être ministre dans une cour d'Allemagne. Il me faut une résidence tranquille comme Florence ou Livourne. Je ne veux plus supporter le bruit d'une grande capitale. Je déteste le tumulte humain, les hommes me fatiguent lorsqu'ils sont trop agglomérés sur un point, et les plaisirs qu'ils inventent ne sont point les miens.

« Je lis dans ce moment la brochure de Mr. Guizot. Je n'en connaissais que des fragments et je désirais me procurer tout l'ouvrage. Il y a quelques belles pages et de l'élévation philosophique, mais peu de portée politique. Mr. Guizot a manqué son but en voulant être homme d'état, les affaires publiques ont dégradé sa nature qui était noble, comme l'ambition a desséché son cœur qui aurait été généreux. »

2 Avril 1850.

Ma chère Valentine, (1)

« C'est ce soir que fais mon entrée dans le monde de Florence au bal du Ministre d'Angleterre. Demain je vous en donnerai les détails. Nous devons à neuf heures et demi aller prendre les Walewsky parce qu'ils nous présentent aux maîtres de la maison. Nous conduisons M. Cailler (2) et nous reviendrons tous les trois de bonne heure après le souper. Je ne pense pas beaucoup m'amuser ne connaissant presque personne, mais en revanche je compte regarder ! Je vous raconterai les costumes qui m'auront fait le plus d'effet.

« Hier nous avons été au théatre dans la loge

(1) Lettre d'Alphonsine à sa sœur Valentine.

(2) M. Cailler était un ami des Lamartine. Sa femme. extrêmement belle, devint veuve et épousa en seconde noce le Vicomte de la Redorte.

des Larderel je ne connaissais pas Mme Henri de Larderel, et je l'ai trouvée pas bien jolie, mais fort gracieuse. Toute la haute société de Florence y était, et en fait de beauté j'y ai vu Mme de la Gherardesca qui est vraiment digne de sa réputation. La Grande Duchesse, la future comtesse de Trapani, et la duchesse de Berry étaient aussi là ; mais cette dernière était placée de manière que je ne pouvais apercevoir que son bras et sa main. Charles, qui a été plus heureux que moi m'a dit que Mme de R. était une beauté idéale en comparaison d'elle. C'est une vieille, grosse et rouge femme, ayant l'air peu distingué. Le duc de Bordeaux est à Venise, il ne viendra pas ici. »

« Mercredi. — Voilà un bal de passé ! Hier soir vêtue de ma robe rose, j'ai été à neuf heures prendre M. Cailler à son hôtel. Je ne sais à quoi il avait pensé, mais j'ai été obligée par une pluie battante d'attendre en voiture plus d'une demi-heure que sa toilette soit achevée. Nous avons été ensuite chez les Walewsky, mais M. Cailler nous avait tant retardés qu'ils étaient déjà partis. Le ministre d'Angleterre demeure au bout du monde et hors la ville. Quand nous sommes arrivés chez lui il y avait déjà une grande partie des invités. Tout le long de la route je préparais mes yeux aux merveilles que je devais voir. Les salons étaient magnifiques ; des fleurs, des lumières à profusion, mais quant aux déguisements, je m'attendais à mieux. Il y en avait de charmants, de splendides, mais il y en avait d'autres qui laissaient fort à désirer. Mme Walewska était ravissante, elle avait pris modèle pour son costume dans les fleurs animées ; elle représentait la rose et était on ne peut plus élégante et bien arrangée. Le prince Demidoff était somptueux en chef de clan écossais, il avait sur les épaules des topazes énormes. Il y avait tant de diamants, à croire que les cailloux des chemins sont de cette matière, les marquises dominaient comme toujours les Espagnoles, les gardes françaises se voyaient beaucoup. Une vieille polonaise, qui a été fort aimable pour moi, en reine Elisabeth, était dans l'enthousiasme d'elle-même. Ensuite il y avait des costumes d'une fantaisie incroyable mais la plus grande partie des personnes étaient en simples mortelles, et, au fait et à tout prendre, à part quelques costumes d'une grande richesse, les bals de Mâcon où nous brillions naguère étaient bien aussi jolis, parce que presque tous les costumes étaient bien choisis et frais, au lieu que là, il y en avait du dernier ridicule.

« J'ai revu la dame de Nice (1) avec son écharpe qui nouait sous les bras et, je crois même, la jeune esclave conduite par son papa, qui n'a pas encore trouvé à la vendre. La reine du bal était Melle de Malle qui est d'une beauté délicieuse, elle était déguisée en femme de brigand. Il y avait aussi un diable, mais un diable ignoble, et même une diablesse dont le costume consistait en un jupon noir et rouge, avec deux plumes de haras rouges qui lui faisaient deux cornes. On apercevait une jeune Croisée qui pouvait faire le pendant de l'esclave; son père aussi, je crois, ne la quittait pas. Il y avait une dame qui avait voulu représenter la nuit: elle avait une robe de crêpe noir parsemée d'étoiles, avec un croissant sur la tête, mais elle paraissait plutôt assister à l'enterrement de toute sa famille, c'était on ne peut plus funèbre.

(1) Deux ans auparavant Mme de Cessiat avait passé un hiver à Nice avec ses filles.

« A onze heures, à peu près, la musique a joué
et la cour a défilé. La Grande Duchesse ouvrait
la marche donnant le bras au maître de la maison, ensuite venait le Grand Duc menant la Duchesse de Berry, suivis de l'archiduchesse qui va
se marier. La Grande Duchesse avait une robe
d'étoffe jaune et des fleurs jaunes comme coiffure.
La duchesse de Berry une robe de crèpe vert
avec des petits volants de maline blanche et un
turban gaze et or. L'archiduchesse une robe
blanche avec des fleurs artificielles qui descen-
daient de côté. J'ai été peu charmé par la duchesse de Berry qui est couperosée et a des cheveux blondasses, elle est très grosse, mais a des
bras qui paraissent maigres en proportion. Le
comte Lucchesi Palli y était, je n'ai fait que l'entrevoir, il n'a aucune position à la cour et ne
mange pas à table avec sa femme et la famille
du Grand Duc, on le sert avec les majordomes.
A minuit la cour a disparu, on l'a menée souper,
cela a été fort long, et quand ils sont revenus je
les ai trouvés très engraissés, ils sont remontés un
instant sur leur estrade et ensuite sont partis. Le
Grand Duc errait comme une âme en peine, cher-

chant un mot à dire aux personnes qu'il recon-
naissait, mais il ne devait pas être dans un jour
d'inspiration, car après avoir dit deux paroles à
une personne, il en cherchait une autre à qui
parler, il n'en trouvait pas, regardait d'un air
hagard de côté et d'autre et retournait sur son
trône.

« J'aurais eu bien tort de me costumer, cela
m'aurait donné beaucoup de peine, coûté très
cher, et la moitié du monde ne l'était pas. Il y
avait une jeune personne qui s'était affublée
d'une vieille jupe de damas jaune si fanée et ter-
nie que j'ai cru que c'était l'étoffe du coussin de
Biche (1), et qu'elle avait une ceinture en papier
d'argent qui la rendait toute de travers, elle était
affreuse, mais, je crois, ravie d'elle-même.

« Ce soir nous dinons chez M. Darrois, le chancelier, avec les Walewski, et ensuite je reviendrai
mettre une robe de tulle blanc avec une coiffure
que je viens de me commander en camélias
blancs, jacintes, œillets et résédas, j'aurai de même
un bouquet pour le corsage et un autre pour

(1) Le chien de Mme de Cessiat.

relever la première jupe. Demain je reprendrai cette lettre et vous donnerai des détails sur le bal Walewski. J'oubliais de vous dire qu'à une heure on a ouvert les portes, nous avons monté des escaliers et nous nous sommes trouvés dans des salles magnifiques où un souper était servi. Tout ce qu'on peut imaginer s'y trouvait, entre autres choses un poisson tellement long qu'il couvrait une grande partie de la table, qui elle-même était d'une longueur extrême dans l'immense salle où elle se trouvait, j'ai cru que c'était une petite baleine. Dans les salons du bas, une table avait été servie pendant toute la soirée, il y avait du thé, des sirops, des gâteaux, etc., et malgré cela on était assiégé par des plateaux couverts de glaces et de boissons. Il y avait tant et tant de salons que je n'ai jamais pu les compter.

« Je n'ai pas voulu danser et je me suis beaucoup réjouie de cela, car c'est bien plus amusant de regarder danser que de le faire soi-même, et on peut mieux voir les gens, ce soir je ferai de même. Je ne vous raconte pas la centième partie des costumes, ce serait trop long, il y en avait de tous les temps et de toutes les espèces. Je me

réserve cette fin de papier pour ma description
de demain. »

Jeudi.

« Hier, vêtue de ma robe blanche à trois jupes,
de la coiffure et des bouquets ci-dessus mention-
nés, je me suis mise en voiture ainsi que Charles
à neuf heures et demie; M. Walewski nous avait
fait promettre de venir de très bonne heure parce
que Charles devait se trouver là à l'arrivée du
Grand Duc. Il y avait peu de différence quant
aux costumes, quelques personnes avaient cependant eu le luxe d'en changer, mais très peu. Il y
avait une charmante femme en Diane, mais en
Diane du temps de Louis XV avec un croissant
sur la tête et poudrée. Un superbe doge couvert
de pierreries, avec la barbe longue et blanche,
jouait d'un air ennuyé au whist. Mme Walewska
était charmante en Blanche de Castille, sa mère
la Marquise Ricci avait un costume magnifique
du temps de Charles IX, la Princesse Poniatowska
était très belle, mais je ne sais en quoi. A dix
heures et demie on a averti que le Grand Duc
arrivait; alors M. et Mme Walewski et Charles ont

été le recevoir à la porte de la rue, les secrétaires d'ambassades attendaient en haut des escaliers. La cour a fait avec pompe le tour des salons ; la Grande Duchesse portait une robe de gaze lilas, avec des petits volants de blondes, une espèce de turban de gaze lilas dans les cheveux et des diamants. La duchesse de Berry n'y était pas, comme de juste, et l'archiduchesse était vêtue d'une robe rose avec des biais à grands festons garnis de franges, sa coiffure était en feuillage, et le même feuillage descendait le long de sa jupe. Elle ne danse que des quadrilles et n'a pas l'air de s'amuser dans le monde, son futur n'arrive toujours pas, et on ne sait quand le mariage aura lieu. Hier elle a essayé son costume de noce ; on le dit fort beau.

« Le bal était moins réussi que celui du ministre d'Angleterre, on passait moins de rafraichissements et les salons n'étaient pas assez éclairés. A minuit et demie on a mené souper la famille royale ; ils sont restés moins de temps à table aussi qu'à l'autre bal. Ensuite les portes de la salle à manger ont été ouvertes et nous avons été admis à un très beau souper. A deux heures, le Grand

Duc est parti avec sa famille de la même manière qu'ils étaient arrivés. Le Grand Du s'est beaucoup promené, mais ne paraissait pas plus inspiré que la veille.

« La Marquise Doria de Gènes était là en costume Louis XV avec des paniers, elle a versé de voiture il y a quelques jours et a encore l'œil tout noir, ce qui nuisait bien à sa beauté. Le prince Domidoff avait un costume Espagnol. A trois heures M. Cailler, Charles et moi nous sommes remontés en carosse avec délice, le bal n'a fini qu'à six heures et demie ; on a ouvert les fenêtres, c'était fort gai, parait-il, mais les musiciens étaient terriblement fatigués. »

1er Juin 1853 (1).

« J'ai été bien sensible, ma Chère Laure, à la lettre que tu m'as écrite dernièrement de Gaultret (2) et j'y aurais répondu immédiatement si je

---

(1) Lettre de Ch. de Jussieu à sa sœur Laure de Challié.

(2) Château appartenant au comte de Liniers, le beau-frère de Laure.

n'avais pas été si occupée ces jours-ci. Je suis heureuse des souvenirs que tu conserves de ton séjour auprès de moi, tout en comprenant que trop combien tes impressions d'Italie doivent être assombries par le cruel événement qui est venu s'interposer pour toi entre elles et le présent (1). Au reste les chemins que nous avons parcourus ensemble, le site sévère du Romito, la noble tristesse de Pise, les vieux monuments de Florence peuvent s'harmoniser aussi bien au chagrin qu'à la joie, pourvu que l'un ou l'autre soit grand et poétique comme eux. Il y aura demain un an que vous êtes partis de Livourne — deux fois déjà le temps que vous y êtes restés. Depuis lors, j'ai refait seul ou avec Alphonsine la plupart des promenades que nous avons faites ensemble.

« Nous sommes allés entre autres, il y a quelques jours, visiter la Chartreuse de Pise et j'ai pensé à cette ascension que nous avons essayé de faire toi, et moi, jusqu'au château de la Verruca. Te souviens-tu avec quelle fatigue nous avons escaladé les champs d'oliviers, pour arriver jusqu'à

(1) Mme de Challié venait de perdre un enfant.

une espèce de chaumière dont les habitants nous ont montré sur la montagne le chemin escarpé qui conduisait aux ruines de la vieille forteresse de la grande comtesse Mathilde. Nous nous serions aventurés bravement dans ce sentier malgré notre épuisement, si nous n'avions pas craint d'inquiéter par un trop long retard nos parents qui nous attendaient en bas. Ma mère avait la migraine ce jour-là. Alphonsine a pu entrer dans l'intérieur de la Chartreuse et la visiter dans tous ses détails; elle avait une permission du Pape. C'est une chose très intéressante que la cordiale hospitalité de ces religieux cloîtrés, ainsi que leur exquise politesse ; on peut vraiment dire qu'ils sont gentilhommes en Jésus-Christ. Ils ont montré leur église, leurs reliques, leurs cellules, leur cimetière qui se trouve au milieu d'un magnifique cloître de marbre blanc et dans lequel rien ne rappelle les morts, qu'une croix errante que l'on place sur la dernière tombe. Le supérieur et le provéditeur du couvent, qui en faisaient les honneurs à Alphonsine, l'ont conduite dans leur logement dont le confort est exclu de la manière la plus absolue. Une plan-

che pour lit, et deux tabourets, tel est l'ameuble-
ment d'un dignitaire chartreux ! Mais la douce
nature d'Italie n'admet pas tant d'austérité, et les
rudes demeures étaient toutes remplies d'un délicieux parfum de fleurs d'orangers, de citroniers,
et de chèvre-feuilles, venant d'un petit jardin y
attenant ; des plantes grimpantes se permettaient
même de s'élancer jusqu'aux fenêtres, de les en-
vahir et de les égayer. Après nous avoir laissé
le temps d'admirer le contraste de la nature sou-
riante aux sévérités du sacrifice, on nous a menés
dans les archives où je désirais examiner quelques
parchemins curieux par leur ancienneté. L'un
d'eux porte une croix tracée par la comtesse
Mathilde elle-même, et la date de 1076. Un autre
daté de 900 est relatif à une contestation de li-
mites entre deux individus fort animés à ce procès. Après les archives il ne nous restait plus
rien à visiter ; nous avons donc pris congé du
supérieur et des religieux qui nous accompa-
gnaient, et qui nous ont reconduits jusqu'à notre
voiture. J'ai pensé à toi pendant cette visite, tu y
aurais pris beaucoup d'intérêt, je n'en doute pas,
et peut-être des impressions que tu aurais ensuite

reproduites dans ton beau style. Au reste tu es assez riche de ta propre imagination pour pouvoir te passer de rien emprunter au dehors. Je te dirai à propos de cela, que la grande duchesse de Toscane a lu dernièrement d'un bout à l'autre ton essai sur la liberté et en a témoigné une vive admiration. Au revoir, ma chère Laure, crois à toute la tendresse que te conserve ton frère et ami. »

26 Septembre 1853.

« Chère mère, j'ai appris hier par votre lettre, avec bien du plaisir, que Laure était heureusement accouchée d'une fille. Le seul regret que nous puissions avoir c'est que ce soit une fille au lieu d'un garçon, parce que les filles sont moins faciles à établir et que parfois elles font de ces foudroyants mariages que nous savons, mais j'espère que cela n'arrivera ni pour Madeleine (1) ni pour Laurence. J'aime assez ce nom de Laurence.

____

(1) Madeleine, sa fille aînée

« Les Lyautey n'ont pas le même mépris que vous pour les jolis voyages et sont sensibles (comme vous l'êtes vous-même au reste) aux beautés artistiques de l'Italie et à ses charmants sites. Je vous assure que ni Florence, ni Rome, ni Naples, ni Venise, ni le lac de Côme, et les autres lacs ne méritent que l'on fasse fi d'eux. Je ne doute pas que les Lyautey ne vous portent de nos nouvelles à leur retour. Ce sont d'excellentes gens, et le général (1) est un véritable prudhomme, comme aurait dit Saint-Louis qui mettait la prud'-hommerie plus haut que la gentilhommerie. Et à propos de St-Louis je viens de lire dans le « Moniteur » des articles assez intéressants de Sainte-Beuve sur Joinville.

« Nous sommes restés hier jusqu'à minuit à la villa Gamba (2). Je suis à moitié endormi aujourd'hui, mais il faut que je me réveille ayant beaucoup à faire et même je vous quitte pour me mettre à la besogne. »

(1) Le général Lyautey, oncle du maréchal Lyautey.

(2) La villa Gamba appartenait à la famille Maurocordato qui fut très liée avec le jeune ménage.

28 Septembre 1853 (1).

« Chère Maman, il vous reste donc encore un bien beau crédit au Jardin des Plantes. que vous comptiez en tirer des arbres pour le jardin de Mme de Lamartine à Paris. Vous faites très bien de vous occuper de ce jardin, comme vous avez très bien fait aussi d'écrire à Mme de Lamartine ce que vous lui avez écrit. Nous lui devons en effet ainsi qu'à son illustrissime mari une infinie reconnaissance. Ils ont été pour nous, non la planche dans le naufrage, mais la nef magnifi-que et fameuse qui nous a pris à son bord alors qu'une terrible tourmente menaçait de nous engloutir, aussi je vous assure que sauf mes sentiments pour vous trois, toutes mes affections de famille sont dorénavant concentrées dans la parenté d'Alphonsine. Point ne me soucie de revenir à Paris, même pour la curiosité de tous les grands changements. Je n'irais que pour vous y voir, et il vaut bien mieux, et il est bien plus naturel que vous veniez me trouver ici.

(1) Lettre à sa Mère

Le luxe demesuré qui règne maintenant à Paris me déplairait. Il est choquant quand on est obligé de s'en priver. Ainsi est faite la mauvaise nature humaine, il est choquant lorsqu'on réfléchit aux passions vénales qu'il développe, il est choquant parce qu'il a toujours été pour les nations un signe de décadence, il est choquant parce qu'il constitue le triomphe des partisans, et des turca-rets sur les gentilhomes, les honnêtes gens, le vrai mérite et la vertu. Combien je bénis les trois cents lieues qui me séparent de Paris! Combien j'aime notre belle Méditerranée avec ses beaux soleils couchants, les montagnes de Carrare et les Apennins aux teintes outre mer et un peu vio-lettes pendant l'été, éblouissants de blancheur pendant l'hiver; et combien j'aime aussi les villes d'Italie pleines de gravité et de grâce, de monu-ments et de souvenirs, de recueillement et de noble tristesse, même au milieu du mouvement le plus élégant et le plus tourbillonnant du monde. Et le luxe des vieilles maisons italiennes? Ces palais de la noblesse florentine et lucquoise, de construction titanique sont inébranlables au temps, ils contiennent des salles immenses faites pour des géants de gloire ; ils sont ornés des plus merveilleux produits de l'art qu'y ont déposé en passant plusieurs siècles. Vous voyez encore dans leurs écuries quinze ou vingt chevaux au ratelier. (Le luxe des chevaux est le plus noble et le moins corrompu de tous ; il comporte la vie active et le mouvement, il se rattache à la chasse et à la guerre). Un nombre immense de domestiques en activité ou pensionnés, complète le personnel d'une grande maison italienne. La dame aura de splendides pierreries inaliénables, de magnifiques dentelles pour les jours de gala, et là s'arrête le luxe, la table est frugale et la vie beaucoup moins mondaine qu'on ne le croit. Il est difficile à un étranger de pénétrer dans l'intimité d'une grande famille Italienne et de franchir « la montatura di casa ». J'aime beaucoup l'Italie, plus vous viendrez m'y voir, plus vous prendrez comme moi, en affection ce pays un des premiers de l'Europe sous tant de précieux rapports.

« Je savais que le ministère des Affaires étrangères s'était transporté dans le nouvel hôtel, et que l'on démolissait l'ancien, dans ce dernier en effet nous avions beaucoup de souvenirs plus solides que ses murailles, car ils demeurent dans notre esprit tandis que les autres croulent sous la pioche. Ces souvenirs au reste sont loin d'être tous agréables. Que d'ennuis d'abord, et de déceptions dans cette vieille et malpropre bicoque officielle ; mais aussi quelle satisfaction quand nous avons vu Mr. de Lamartine prendre aux cris d'un peuple enthousiasmé la place de M. Guizot, et me donner pour chambre à coucher e salon même qu'il avait occupé et dans lequel peu de jours avant, il arrangeait avec un Duchatel ou un Dunon quelque mystification parlementaire. Mr. de Lamartine est pour moi qui puis l'apprécier, la première notabilité de l'espèce humaine, et une des plus nobles créatures moralement, intellectuellement, et physiquement qui ait jamais vécu. Ce sera une grande figure historique si jamais il en fut, que celle de cet illustre personnage qui pouvait s'emparer de la France tombée éperdue dans ses bras, et qui ne l'a séduite que pour son bien, et pour elle-même, et après l'avoir conduite paternellement au delà du péril et mise en sûreté ne lui a rien demandé. De quel terme l'histoire pourra-t-elle se servir pour rapporter une si magnanime conduite, une telle abnégation, une si incomparable chasteté civique ? Pour moi je vous le dis en vérité, je serais moins enorgueilli de m'être allié à l'empereur de Russie, à l'empereur d'Autriche ou à la reine d'Angleterre que je ne le suis d'avoir été admis dans la famille de M. de Lamartine. »

23 Octobre 1853.

« Chère Maman. — Il fait très chaud, trop pour la saison, c'est commme l'été. Nous aurons je crois un hiver pluvieux, car il n'y a pas encore un seul flocon de neige sur les montagnes de Carrare, tandis qu'au contraire la Corse en est déjà couverte. Il en résulte que la neige de Corse raréfiant l'air, en le resserrant, fait le vide, lequel attire le sirocco qui est le vent de la pluie, et donne « la fiachezza » tandis que lorsque au contraire ce sont les Apennins qui sont les premiers couverts de neige nous avons par la même raison la permanence du vent du nord qui est le vent du beau temps. Le vent est toujours le résultat d'une raréfaction partielle de l'air, qui attire par le vide, ou d'une grande dilatation causée par la chaleur qui le projette comme le simoun de l'Afrique. Voilà une belle et savante théorie que je n'ai pas le mérite d'avoir découverte, car on me l'a expliquée. Mais elle m'a plu dès le principe par sa simplicité. Hier après la fin du travail nous sommes allés à l'Ardenza suivant notre habitude, nous promener jusqu'à la ville Gamba, nous sommes revenus à pieds par le chemin de la mer jusqu'à l'Antignano où nous avons retrouvé notre voiture. Il faisait un temps magnifique et la végétation exhalait un parfum délicieux, l'odeur des Myrtes surtout embaumait l'air. Le soleil splendide, s'est couché un peu avant que nous arrivions à l'Antignano. Demain nous dinons à la villa Gamba chez les Mauro-cordato, qui gagnent le Pérou cette année avec les blés. Comme nous autres fonctionnaires nous perdons notre temps à côté d'eux ! Les affaires en blé sont d'une activité inouie dans ce moment, et le port de Livourne qui reçoit en général peu de navires turcs en possède ces jours-ci une tren-taine. Les capitaines turcs sont d'étranges navigateurs pour notre époque. L'un d'eux est arrivé n'ayant pas pu trouver Marseille où il avait à se rendre. Un autre n'a jamais pu découvrir Malte, enfin un troisième qui était nolisé pour Tripoli, est revenu, malgré lui, emporté par les vents et les courants à Constantinople. Ces pauvres diables n'ont aucune connaissance nautique, ils se dirigent par le soleil qui leur joue des tours incroyables. Quelle frottée la Turquie malgré les deux cents mille hommes qu'elle a sur pied va recevoir des Russes si elle s'y risque, et j'en suis fâché pour elle, car je la préfère aux Russes qui sont déjà beaucoup trop puissants pour de villains Kal-moucks comme eux.

« Au revoir chère mère, je vous tire ma petite révérence en vous envoyant mille tendresses ainsi qu'à mon père et à notre grand écrivain (1).

« Baba (2) devient une merveille de beauté, plaise à Dieu que cela continue ! »

(1) Mme de Challié.
(2) Madeleine, sa fille aînée.

1er Novembre 1853.

« Chère maman, quoique ce soit aujourd'hui grande fête, je me trouve retenu au consulat par des affaires et par la nécessité de viser une quantité de passeports de ducquois pour la Corse. J'ai été vraiment si occupé depuis six semaines que j'ai un dégoût du travail. Nous avons renoncé à aller à la Spezia, cela serait trop cher, et puis le temps n'est pas très favorable, les jours commencent à être courts, mais nous irons prochainement passer deux ou trois jours à Sienne où nous ne connaissons personne, pour nous reposer des hommes et des choses.

« J'ai reçu votre lettre du 26 dans laquelle vous m'annoncez l'arrivée de M. Ampère. Vous savez déjà par mes lettres précédentes que nous l'avons vu et qu'il a déjeuné et dîné avec nous. Nous avons à diner aujourd'hui une bien ancienne connaissance, M. Rio, sa femme et ses deux filles qui sont très aimables et qui vont passer deux mois ici. M. Rio part demain pour Paris, il ira vous voir ; vous ne le trouverez pas changé, il n'a pas pris un jour depuis que nous l'avons vu la dernière fois. Sauf un rhumatisme qui l'oblige à se servir parfois de béquilles, il a eu l'existence la plus douce et la plus heureuse qu'il soit, partageant sa vie entre le pays de Galles et la Bretagne, choyé par des gens ayant des châteaux confortables, grâce au joli épisode de sa petite Vendée de 1815. Il est très bien dans ce moment avec beaucoup de personnages puissants, avec Mr. de Persigny entre autres. Il est très fervent catholique, et sa femme et ses filles sont plus religieuses encore que lui. On aime à retrouver, après tant d'années écoulées ceux que l'on a connus jadis. Dans ce monde où nous passons si vite, la grande ancienneté de la connaissance équivaut presque à de l'amitié. C'est demain surtout que tout répète le poétique et mélancolique « sicut nubes, quasi nos, velut umbra ». Nous sommes invités par le Curé de Sainte-Lucie à aller entendre la messe dans son cimetière en dehors de la porte Florentine. Je laisserai un moment mes passeports de Lucquois, mon bulletin commercial d'octobre, et mon insipide affaire Valéry, pour y accompagner Alphonsine. On s'étonne de la misère des tracasseries de cette vie et même de ses plus grandes affaires en présence de la pulvérisation de tant de générations qui se sont également agitées pour des riens, dont il ne reste rien.

Je vous quitte, je suis vraiment fatigué de plonger ma plume dans l'écritoire. J'espère que l'on imaginera prochainement une calligraphie magnétique ou électrique au moyen de laquelle on pourra, rien qu'en regardant son papier, où en le mettant dans sa poche, le couvrir des pensées que l'on veut y mettre. Au revoir mille choses tendres.

2 Novembre 1853.

« Notre soirée d'hier s'est très bien passée. Mmes Rio sont très agréables et Mr. Rio a une conversation intéressante qui ne roule que sur des sujets élevés. Lui et sa femme étaient intimement liés avec Donoso Cortés (1) et le sont avec Mr. de Montalembert et toutes sortes de

---

(1) Donoso Cortés, Marquis de Valdegamas, publiciste espagnol 1809-1853, partisan des deux reines, il accompagna en exil la reine mère (1840), s'attacha aux idées religieuses et écrivit en français un essai sur le catholicisme. Il fit d'autres ouvrages politiques.

personnes remarquables autant par leur caractère que par leurs sentiments et leur esprit.
Mr. Rio part aujourd'hui pour Paris. Je lui ai
donné votre adresse, vous le verrez bientôt ».

Livourne, 19 Novembre 1853.

« Chère maman, notre petit séjour à
Sienne nous a été fort agréable. Sienne est une
ville où comme vous le dites très bien l'esprit se
repose en même temps que l'imagination est satisfaite. Il faudra que je vous la fasse voir l'année
prochaine. La lettre que vous m'avez écrite pour
la Saint Charles n'a pas éprouvé de retard, elle
est bien arrivée le 4 Novembre, mais comme
j'étais parti ce jour là à six heures du matin pour
Sienne, je ne l'ai trouvée qu'à mon retour. L'affaire
Valéry s'arrangera je n'en doute pas. Quant
à la pierre d'achoppement que vous craignez que
j'ai toujours dans Mr. de M. je m'arrangerai pour
ne pas donner du pied contre elle et puis le temps
et les événements sont d'habiles cantonniers qui
enlèvent promptement les pierres d'achoppement,
ou les broyent pour en faire de confortable ma-

cadam. Toutefois je ne suis pas assez vindicatif pour désirer que M. soit réduit à l'état de macadam. Je me contente charitablement d'espérer qu'il ne tardera pas à être écarté de mon chemin, et mis sur les côtés dans un tas qui satisfera même son ambition. La Rochefaucauld a dit encore de meilleures choses que lord Chesterfield sur la règle de conduite à observer dans le monde, lorsqu'il recommande entre autre d'agir toujours avc ses amis dans la prévision qu'ils deviendront des ennemis, et avec ces derniers dans celle qu'ils deviendront des amis. Mais ces règles de hautes diplomaties sont surtout nécessaires lorsque l'on s'est déjà trop enfoncé dans les intrigues et dans les passions. L'homme véritabelment droit peut suivre sa route sans tant de ménagements, car c'est pour lui qu'il a été dit que les enfants des justes n'ont jamais été vus mendiant leur pain. Que peuvent les haines humaines contre celui que Dieu et la loi morale soutiennent? Tout au plus produire un obscurcissement momentané, comme celui de la potasse sur le cuivre, qui rend ensuite le métal plus brillant. Si jamais, comme c'est possible, je tombe dans des égarements, alors je méditerai Larochefoucauld et Chesterfield. En attendant, je puis encore grâce à Dieu m'abandonner à mon caractère nullement habile, ni courtisant, débonnaire avec les petits, et fort simple en général — mais tout d'une pièce — et raide avec ceux qui manquent d'égards pour moi, surtout lorsqu'ils sont puissants. Je pense que vous devez avoir vu maintenant M. Rio ; il ne fait qu'arriver à Paris parce qu'il a passé plusieurs jours chez M. de Montalembert dans le département de la Côte-d'Or. M. Rio est en effet un homme distingué, il a très bien fait de ne pas se rallier au gouvernement de juillet, car c'eut été une absurde inconséquence pour lui de s'y rattacher et anibiler à plaisir ce qu'il y avait de plus précieux dans son passé. Mme et Mlles Rio viennent se promener aujourd'hui en voiture avec nous et dîner chez nous. »

« Je ne suis pas étonné de ce que vous me dites de La Tour d'Auvergne. Il est réputé pour sa tenue et ses manières dans notre corps diplomatique. Il a supérieurement réussi à Rome et il y jouit d'une considération exceptionnelle. Nous nous écrivons quelquefois, mais rarement j'aimerais bien qu'il fut nommé ministre à Florence comme il en a déjà été question. J'irais quelquefois faire en cachette ma partie de dominos avec lui en ingurgitant de la bière, comme autrefois dans sa petite chambre de la rue Vanneau ou dans la mienne, aussi peu vaste, de la rue de l'Ouest. La Tour d'Auvergne ferait d'ailleurs un excellent ministre à Florence, étant d'une famille jadis alliée aux Médicis (Catherine de Médicis était fille de Laurent de Médicis et de Madeleine de La Tour d'Auvergne) et ayant une femme douce et aimable et une belle fortune. Leur arrivée serait accueillie avec la plus grande joie à Florence (1). Voilà une masse de travail. — Mille tendresses. »

Livourne, 17 Décembre 1863.

« Chère Maman. — Je vais profiter d'un intervalle de loisir que j'ai pour vous écrire. Bourgoing est en Toscane pour une affaire, je l'ai trouvé bien engraissé. Il va sans doute passer quelque temps chez Mr. Albert de Broglie qui

(1) Ce désir se réalisa dans la suite, le prince de la Tour d'Auvergne ayant été nommé Ministre à Florence.

possède une charmante terre auprès de Florence, il est bien heureux !

La rapidité des communications est quelque chose d'incroyable maintenant. L'autre jour le « Thabor » bateau des M. M. est arrivé en cinq jours de Constantinople. On peut aller actuellement en sept jours de Paris au cœur de l'Orient Européen. Je me félicite bien que ma carrière doive se faire à l'Etranger. Je vous avoue que j'aurais gémi en présence d'un si grand mouvement, de me voir encroûté dans une recette particulière, dans un petit trou de France. C'est heureux que je ne l'ai pas obtenue lorsque je la sollicitais. Nous avons un temps admirable en Toscane, de beaux jours succèdent sans interruption à de beaux jours. C'est le véritable hiver d'Italie plus frais mais non moins splendide que l'été. Je ne comprends pas comment tous ceux qui vivent indépendants d'un petit revenu, ne viennent pas s'établir dans quelques unes de ces charmantes et poétiques villes d'Italie, où avec moins d'argent on vit mieux qu'ailleurs, et plus noblement, où l'esprit est aussi satisfait des innombrables beautés et souvenirs au milieu desquels il se trouve, que le physique est réjoui par une douce température et un beau ciel. C'est une grande duperie, je vous assure, lorsqu'on n'y est pas retenu par quelque chaine solide de rester à Paris ou à Londres à s'y faire éclabousser par les carrosses d'une foule d'industriels, tandis que l'on peut marcher sur l'herbe autour du Colisée ou errer dans les rues solitaires et pittoresques de Sienne, ou même souvent faire figure à Florence dans un monde élégant qui malgré la réputation méritée de frivolité est moins dissipé et plus sérieux que bien d'autres. Et puis à Florence, indépendamment de sa société, il y a tant de choses, tant de merveilles artistiques : cette originalité d'aspect des monuments, le caractère que les temps passés, la nature environnante, et le climat prêtent à la ville ! Mr. Brenier voyage avec sa femme et ses filles, il arrivera ici vers le milieu de Janvier, il doit être maintenant à Turin d'où il ira à Venise, puis à Florence, puis à Livourne, où il passera quelques jours, et s'embarquera pour Naples. Il est chargé, je crois, de soutenir diverses réclamations auprès de certains gouvernements de la Péninsule et voyage surtout pour se distraire ainsi que sa famille. Cette vie de bureaux qu'il mène à Paris doit être en effet bien fatigante et assommante. Ne pas être chef, et avoir chaque matin à aller au ministère comme un écolier au collège ne me plairait pas pour mon compte, même avec une direction.

« Ce sont de trop beaux compliments que l'on vous a fait sur mes dépêches, il faut en retrancher les trois quarts, et vous aurez ainsi la vérité. Mes dépêches ne sont ni très bonnes, ni mauvaises, je crois. Elles rendent compte aussi exactement que possible du mouvement commercial de Livourne, et équivalent, j'espère, à celles de mes prédécesseurs, mais voilà tout. Alphonsine écrit en effet de jolies lettres à sa mère et à ses sœurs, elles sont simples et naturelles, et je suis bien aise qu'elles plaisent à Mr. et Mme de Lamartine.

9 Mai 1854 (1)

« J'ai reçu, ma chère Laure, hier ta lettre du 3 mai. Je savais déjà que vous aviez trouvé une jolie petite maison. J'espère la voir un jour, car

(1) Lettre à Mme de Challié,

je ne pense pas que vous soyez encore délogés par quelque caprice de propriétaire se mettant en tête d'habiter sa maison, puis allant chercher gîte sous terre après vous avoir contraints à déménager. Cette année il m'eut été bien difficile d'aller à Paris. En général, on ne doit pas quitter son poste sans motif grave, quand ce poste vaut la peine d'être conservé.

« Je souhaite que tu aies un jour les trois maisons que tu désires (1). Pour moi, je me contenterais de celle de Pise. J'aime beaucoup la Toscane quoiqu'elle ne soit pas encore tout à fait assez méridionale pour mon goût, il faudrait qu'elle fut toujours comme pendant les trois mois de l'été, jamais de pluie, du soleil du matin au soir, et d'abondantes rosés qui rafraichissent la terre pendant la nuit. Un officier de marine qui est allé au Chili m'a dit l'autre jour qu'à Lima on était resté plusieurs années sans pluie, et cependant la verdure est aussi fraîche qu'en Europe, et d'innombrales fleurs embaument constamment

(1) Mme de Challié avait écrit en plaisantant qu'elle aimerait avoir trois maisons, une à Paris, une dans le Poitou, et une à Pise.

l'air de suaves parfums. C'est là qu'il faudrait que nous allassions tous nous établir, mais le moyen? Comment persuader Mme notre mère de doubler le cap Horn ou de traverser à son choix l'Amérique du Sud à cheval? Je crains bien que nous ne nous trouvions jamais réunis ni au Chili ni au Pérou et de n'y jamais aller moi-même avec Alphonsine parce que nous ne voudrions pas tant nous éloigner de nos familles et de notre pays. Il faut cependant reconnaître que ceux qui naissent dans ces climats privilégiés, y ont leurs affections et leurs moyens d'existence sont vraiment bien mieux traités par le ciel que les tristes grenouilles pensives, politiques et affairées du marécage Européen. Je viens de faire mon petit saut accompagné d'un petit coassement de plaisir par ce que je partais pour me divertir dans un coin de marécage.

« Je suis allé visiter les Marennes, je me suis promené au milieu de l'herbe sur les restes de villes bien grandes, il y a quelques milliers d'années. J'ai chassé le sanglier là où des étrusques festoyaient peut être en grand gala, se visitaient, se courtisaient, s'aimaient, travaillaient, péroraient.

Ce sont maintenant de vastes maquis, des collines dominant la mer, ouvrant des vallons qui y aboutissent, et tout remplis de touffes de joncs. Le sol contient aux environs de Popolonia, une quantité de tombes étrusques, dont la plupart n'ont jamais été ouvertes. Elles consistent dans une chambre souterraine dans laquelle on descend par un escalier que l'on trouve en déblayant la terre. Les tombes contiennent des vases, des sarcophages, des monnaies, des médailles, toutes plus curieuses les unes des autres. Et aux environs de San Stefano et d'Orbitello on voit l'ancienne ville de Domitine, ruinée, mais dont les restes paraissent indestructibles ; elle est toute au bord de la mer où l'on reconnait aussi les traces des viviers et où existent encore taillés dans le roc de très beaux bains. J'ai rapporté une pierre de l'aqueduc qui conduisait les eaux de Monte Argnetaro à Subencasa, qui est aujourd'hui Orbitello, petite ville située à l'extrêmité d'une langue de terre plate et verte qui s'avance dans un lac intérieur qui réunit la mer de Toscane à celle des Etats Romains, parallèlement à une autre angue analogue, sur laquelle était la ville d'Intesidonia, qui n'existait déjà plus au temps de Strabon et que Virgile dit avoir fourni 600 hommes à Enée. Du haut du Monte Argentaro, j'ai aperçu Civita Vecchia.

« J'ai omis de te dire que près de Popolonia on m'a montré une magnifique mosaïque récemment découverte dans une vigne et un peu endommagée au milieu par la pioche d'un vigneron, qui pensait sans doute plus à combattre l'oïdium en remuant bien le sol qu'à l'antiquité. Quoiqu'il en soit, cette mosaïque est encore superbe et d'un âge immense. Elle représente des murênes, des homards, d'autres poissons, et un navire qui fait naufrage. Si j'avais pu rester plus longtemps, on aurait fait pour moi des fouilles, et cela m'eut vivement intéressé, mais le temps me pressait. J'ai été hébergé par les agents consulaires de Piombine et de San Stefano (ce dernier est le gros bonnet de l'endroit, dont il est capine du port) comme un évêque par ses curés. La mer seule a été moins aimable, mais elle ne me doit rien et se soucie peu que je rende bon compte d'elle au ministère. C'est quelque chose de fort indépendant que la mer, de très brusque souvent, mais jamais de laid. Lorsque j'entrais dans la rade de Porto Ferraro, une très belle frégate française « Le Labrador » en sortait, c'est la pareille de « l'Asmodée. » J'ai été fort content de ma petite excursion dans les Marennes. Dans six semaines il eut été imprudent de la faire à cause des fièvres intermittentes et putrides qui règnent avec tant de force dans plusieurs localités que j'ai parcourues, que la population est obligée de se retirer sur les montagnes. C'est ainsi que des villes peuplées de quatre mille âmes restent pendant cinq mois avec trente habitants. Mais dans ce moment la malaria n'existe pas encore pour ceux qui arrivent du bon air et ne commettent pas d'imprudences. Mille tendresses. »

7 Mars 1854.

« Chère mère, j'ai reçu hier votre lettre du premier. Je savais par les journaux la mort de Mr. de Lamenais. Il n'a pas su tirer parti au point de vue religieux, ni au point de vue temporel du beau talent qu'il possédait. Il s'est fourvoyé pour être sorti de son caractère, où suivant une expression plus mondaine, de son rôle. Nous avons passé hier notre journée à Pise chez les Rio, et fait deux visites, l'une à Mme de Virte, l'autre à la Comtesse de Custine, qui peut-être partira aussi le 16 Avril pour faire route avec Alphonsine. Elle nous disait toujours, Mme de Custine que les Russes qui sont à Pise partent pour la Russie où ils sont rappelés exaspérés contre la France et l'Angleterre. Je crois que nous allons avoir de grands évènements. La Turquie a vraiment fini son temps, la question est qu'elle soit supprimée, mais avec avantages pour les puissances occidentales et non surtout au profit de la Russie.

« Tâchez pour que je ne reste pas trop longtemps seul, d'arriver ici dans le courant de Mai, et de rester jusqu'au retour d'Alphonsine. Je persiste à vous engager beaucoup à venir par terre. La saison sera on ne peut plus favorable pour faire cette admirable promenade au travers de ce grand jardin dessiné de main de maître et qui a pour ornements les vallées de la Savoie, les Alpes et les belles campagnes de la Lombardie. Nous avons ici le baromètre au beau fixe depuis bien longtemps et nous en avons j'espère tout à fait fini avec l'hiver. »

22 Mai 1854 (1).

« Nous sommes ici en plein mois de Mai, ma chère Laure. Il n'y a pas un nuage au ciel. Une brume translucide voile légèrement l'horizon et étend sur les montagnes une délicieuse teinte d'outre-mer. On se réjouit, on se frotte les mains, on est de bonne humeur; c'est l'Italie dans tout son idéal, dans toute sa poésie, dans tous ses charmes. Vive cette belle contrée, dans laquelle je voudrais souvent recevoir tes visites et celles de nos parents pour vous faire participer à nos délices, et vous dégoûter de ce nord dont tu me vantes les attraits de neige et de frimas.

« Je suis charmé que tu aies de bonnes nouvelles de Challié et qu'il soit agréablement à Lisbonne au milieu d'une aussi bonne compagnie. S'il y a la guerre, il y fera peut être de beaux exploits et alors Mr. de Lamartine ne pourra plus avoir

---

(1) A Laure de Challié

l'arrière pensée que tu lui as supposé lorsqu'il a dit que tu faisais bien d'illustrer le nom de Challié. La guerre va probablement remplacer le choléra, au moins elle n'expose que ceux qui la font ; toutefois elle est bien triste, et il est pénible de penser que tant de pauvres gens qui ne se soucient pas plus de turcs que de russes vont peut être perdre la vie dans leur collision. Il serait à désirer que tant d'existences sacrifiées le fussent au profit du défrichement et de la colonisation de ces contrées riches, mais malsaines faute d'être cultivées, dont se composent encore les deux tiers de notre planète. Certaines parties de l'Afrique, de l'Amérique, de l'Austalie qui sont les plus fécondes de la terre. Ceux qui se dévoueraient pour leur mise en culture et leur assainissement ne périraient au moins que des instruments utiles et pacifiques à la main au milieu des leurs, et laissant à leur famille en résultat, un riche patrimoine commencé. Ne vaudrait-il pas mieux que les hommes s'exposassent pour un tel but, que pour quelque royaume du nord bien crotté et pluvieux.

« Nous devons aller cet après-midi à Pise, où

nous trouverons les Brénier, qui sont si bons et si aimables pour nous que nous les avons pris en grande amitié. J'ai reçu des lettres de Rome, de Mr. Ampère et de la Tour d'Auvergne. Mr. Ampère aime tant Rome qu'il ne cesse de se réjouir d'y être lui le grand voyageur à sa vraie patrie en Italie. C'est là dit-il qu'il en retrouve le sentiment. La Tour d'Auvergne met un empressement des plus aimables à faire tout ce que je lui demande. Quel ministre à Florence ce serait pour moi. Il a été déjà plusieurs fois question de l'y mettre, et j'espère que cela se fera peut être un jour. Au revoir chère Laure. — Quel beau temps ! Il faut le voir pour s'en faire une idée. »

Quelques lacunes se trouvent dans cette correspondance elles ont été produites par un triage malheureux. Ainsi toutes les lettres datées entre 1854 et 1857 ont été détruites, et il n'en reste que deux datées de cette dernière année.

29 Janvier 1857.

Chère Mère. Nous ne sommes arrivés qu'hier soir à Livourne, après une traversée bien pénible, et nous être même trouvés en perdition. La frégate à vapeur « La du Chayla » a été heureusement à portée de nous secourir et d'apercevoir nos signaux de détresses. Mais nous avons eu un bien terrible moment à passer, étant en pleine mer avec un très gros temps, une machine hors de service abandonnée par les chauffeurs, et une voie d'eau. Alphonsine a été admirable de calme et de sang froid. Comme elle a la vue très basse, elle se servait de son lorgnon pour considérer le danger et voir si la frégate se rapprochait. Elle s'était résignée à la mort avec la plus héroïque intrépidité. Pour moi, j'étais désespéré. Cependant Alphonsine a fait le vœu, qu'elle va tenir, à la vierge de Montenero de vouer son enfant au blanc pour trois ans. J'ai forcé le capitaine qui ne savait plus ce qu'il faisait, à mettre une embarcation à la mer afin qu'elle se dirige vers la frégate, non pas que j'espérais qu'elle l'atteignit, mais dans l'espoir qu'elle serait vue par une des vigies, ce qui est arrivé. Nous avons relaché à Saint-Florent d'où nous sommes allés à Bastia par terre. On ne peut s'imaginer ce que c'est que cette route quand on

ne l'a pas faite, c'est admirable et ravissant
Nous avons trouvé le printemps en Corse et le
beau ciel du midi dans tout son éclat, rayonnant
sur une nature magique. Hier nous sommes partis
de Bastia sur un autre bateau. Les Valéry nous
ont donné une bonne hospitalité.

Nous avons trouvé les petites en très bonne
santé bien heureuses de nous revoir. Marianne
en avait les larmes aux yeux (1). Cette cote de
Toscane m'est toujours plus agréable à retrouver.
Elle m'est une seconde patrie.

Florence, 10 Mars 1857.

Chère Mère. Je suis à Florence pour une
cause bien triste. Mme de La Tour d'Auvergne
est morte avant hier à trois heures du matin.
C'était une charmante femme. Je viens de passer
une partie de la nuit avec son père et son mari.
Je les ai quittés à l'instant, il est une heure du
matin, et comme je repars à quatre heures pour
Livourne je ne me couche pas, parce que cela

(1) Sa seconde fille.

n'en vaut pas la peine, et je vous écris cette lettre. La princesse de la Tour d'Auvergne a beaucoup souffert, elle étouffait dans les derniers moments et suppliait qu'on la soulage. Vous jugez quelle nuit pour ceux qui l'assistaient. Garetti son médecin a fait tout ce qu'il pouvait, mais le mal était sans remède. La Tour d'Auvergne est fort courageux, le père de la princesse l'est moins, il a des accès de désespoir, se remet et se désole à nouveau. Il part mercredi pour ramener en Poitou la dépouille mortelle de sa fille, et il faut que je sois de bonne heure à Livourne pour tout préparer, dès le matin, le départ et l'embarquement du cercueil. Dans le palais de la légation, on respirait ce soir cette odeur d'aromates particulière à l'embaumement des morts, parfum sinistre que je connais pour l'avoir plusieurs fois senti et qui ne ressemble pas à celui des fleurs et des élégantes jeunes femmes, qui s'exhalait de ces salons il y a quelques jours, lorsque le ministre a donné son magnifique bal à la famille grand ducale.

« En présence de la mort et de son irrémédiabilité on reconnait qu'il est lâche de trop s'attrister des embarras d'argent. Cependant il convient d'y attacher aussi l'importance que la raison ne saurait leur dénier. Nous aimions beaucoup la princesse. J'ai ses traits sous les yeux, comme le son de sa voix si éteinte et si faible raisonne encore dans mon oreille. Quel fait imposant que la mort qui transforme l'être palpable en un fugitif fantôme, qui assimile en un instant le vivant d'hier aux contemporains de Pharaon ! Cela indique que la religion catholique est vraie, elle seule conclue ce sombre mystère d'une manière logique et consolante. J'avoue que je comprends les passions et les entraînements, mais non la négation, ni les religions indépendantes qui équivalent à rien et, retombant dans l'individuel, retombent ainsi dans les conditions mortelles dont elles doivent au contraire triompher. Mais voilà bien de la métaphysique !.....

« Je viens de passer près de Sainte-Marie des fleurs éclairée par la lune. C'est magnifique ! Que de poésie dans Florence ! »

En 1858 un premier glas sonna sinistrement dans la vie de Ch. de Jussieu de Senevier et de sa femme. Marianne, leur seconde fille, mourut, enlevée par une méningite. L'enfant était très jeune, trois ans et demi ; le ciel compta un ange de plus, mais pour ses parents la douleur fut intense. Cette mort endeuilla les derniers mois qu'ils passèrent à Livourne, où jusqu'alors ils avaient été si heureux.

Lamartine connaissait ce genre d'épreuve, par deux fois il l'avait subie dans sa vie ; aussi prit-il une vive part au chagrin de sa nièce. Il lui écrivit la lettre suivante :

21 Juin 1858.

Ma pauvre chère Alphonsine,

« Je crois une consolation pour vous de savoir que nous avons partagé bien complètement vos angoisses et que nous pleurons réellement avec vous depuis deux jours ; hélas ! ayez au moins cette triste douceur. L'affection a au moins la... (1) jusqu'au fond du désespoir ; on pleure avec vous,

(1) Deux mots illisibles

c'est tout ce que vous pouvez vous dire. Ce deuil s'est vraiment répandu jusque dans notre maison, déjà si triste. Je voudrais que vous puissiez venir à St-Point avec ce qui vous reste de si charmant à aimer. Nous y serons, j'espère, dans deux mois, quand mes affaires et mon indécision auront pris couleur. Tu trouveras là des cœurs qui te comprennent.

« Adieu, embrasse ton pauvre mari ; je plains son âme autant que la tienne, car plus l'âme de l'homme est fermée, plus la douleur s'y concentre, mais il faut qu'il se fasse violence pour te soutenir toi-même. Je n'ai jamais mieux senti combien je t'aime (1). »

De 1859 à 1862, Jussieu, Consul général de France à Lisbonne, se déplut fort dans cette ville, et des difficultés avec le Ministre de la Légation, M. de Guitaut, compliquèrent désagréablement son existence. Il demanda un changement de résidence et obtint Malte, qu'il accepta faute de mieux. C'est là que nous le retrouverons, ses

(1) Lettre inédite.

lettres écrites en Portugal n'ayant pas été conservées. Par contre, celles datées de Malte sont
abondantes et permettent de constater que sa vie
intellectuelle resta active et suffisait à l'intéresser
dans ce nouveau milieu, où les distractions et
même les grandes occupations manquaient presque totalement; mais pour ne pas trop allonger
cette publication, nous sommes forcés de faire
un choix parmi tant de documents et de n'en
transcrire qu'une partie.

Le 11 avril 1862, il arrivait seul à Malte pour
prendre possession de son poste. Sa femme et
ses quatre enfants, dont deux nés à Lisbonne,
étaient restés à Mâcon où il devait retourner les
chercher. Le 12 avril il adressait à sa mère la
lettre suivante :

La Valette, 12 Avril 1862

« Chère Mère, j'ai fait un très bon voyage qui
s'est terminé hier matin par mon arrivée à Malte.
Me voilà loin de Mâcon, de Paris et de Marseille,
d'où je suis parti à quatre heures samedi, pour arriver mardi matin à Messine. J'ai eu une traversée

fort calme. Nous avons traversé le détroit Bonifacio entre les îles de la Magdeleine et Caprera, où l'on m'a fait voir la maison de Garibaldi ; mais l'oiseau n'y est pas pour le moment. C'est un beau paysage que celui du détroit de Bonifacio ; le soleil se couchait, lorsque nous en sortions, et c'était magnifique. Le panorama de Messine aussi m'a paru splendide. Je n'ai pu cependant en jouir qu'imparfaitement à cause de la pluie et de la brume. J'ai passé ma journée chez le Consul de France, M. Boulard, à tisonner avec lui un grand feu de charbon de terre. Le lendemain je me suis embarqué sur « Le Céphise » pour Malte. Cette traversée a été moins bonne que la première et nous avons été bien secoués et roulés.

« La Valette me parait une jolie ville ayant beaucoup de caractère et intéressante à voir en passant, mais qui doit être une narcotique résidence. On trouve heureusement à louer des livres, et on y pratique la vie contemplative, avec le sommeil pour auxiliaire. L'aspect du pays vu de la mer est aussi aride qu'on me l'avait décrit et impressionne désagréablement. Je ne sais encore rien de positif sur la manière d'arranger ici son existence. Je crois que la vie est chère ou bon marché, selon la manière dont on l'organise et selon certain hasard. Ainsi le gouvernement anglais s'est emparé des hôtels des Chevaliers et les loue à des prix très modérés. Ce sont de charmantes maisons, si l'on peut s'en procurer une, mais il faut en trouver de vacante. Dans le cas contraire, on paie un loyer beaucoup plus élevé pour être souvent très mal. Je vais me renseigner exactement sur les nécessités de la résidence, afin de rapporter des notes sur la manière de nous y installer le mieux et le plus économiquement possible.

« La question de mes renouvellements me donne assez de soucis. Je crains sous ce rapport d'être tombé mal ici, vu qu'il n'y a pas d'affaires, ni aucun mouvement commercial avec la France. Tout heureusement finit par s'arranger quand on fait ce que l'on peut, et le mieux que l'on peut. Je n'ai souvent eu d'autre espoir que cette conviction qui ne m'a pas encore trompé. J'ai été fort aise de retrouver à Messine l'Italie, le bon dallage des rues, et tout l'aspect particulier à une ville italienne. »

La Valette, 15 Avril 1862.

« En allant voir le gouverneur, j'ai visité son palais qui est celui des anciens grands maitres. Il contient beaucoup de choses intéressantes, entre autres, la salle d'armes remplie d'armures illustres et plusieurs parchemins historiques, dont un remonte au XII⁰ siècle, et dont un autre, signé par Charles-Quint, est la cession de Malte aux Chevaliers. Je compte aller un de ces jours à Città Vecchia que j'ai aperçu au loin de la Floriana, où on me dit que ce n'est pas la peine d'aller. C'est une vieille ville, avec de vieux palais; l'herbe pousse dans les rues, il y aussi une église ancienne et la grotte de Saint-Paul et tous les souvenirs historiques de Malte, jusqu'au grand maitre La Valette. Je trouve qu'il en faut moins pour motiver une course de 12 milles aller et retour. Il fait un temps magnifique; le ciel n'est pas de ce bleu foncé que je me croyais en droit d'exiger, mais lumineux quoique voilé. Je lis dans ce moment l'histoire de Malte par M. Miège, un de mes prédécesseurs. C'est un travail très consciencieux et très complet. J'y ai trouvé l'ex-

Mon bien cher ami [...],

si c'est une consolation pour vous de savoir que nous avons partagé bien complètement toutes vos angoisses et que nous pleurons bien réellement avec vous depuis deux jours hélas, ayez au moins cette triste douceur. L'affliction a ramené les âmes au fond du désespoir on pleure avec vous, car tout ce que vous devez devenir. Ce deuil est vraiment [...] jusque là [...] maison déjà si triste. Je voudrais que vous [...] venir et il [...] pour ce que vous reste de [...] charmante aimée.

Nous y serons toujours
dans deux mois, quand
mes affaires seront finies [et]
auront [?pris] couleur.

tu trouveras là des
cœurs qui te comprennent.

adieu embrasse
ton bon Mari. Le plaisir
son vie autant que la tienne
en plus haut d'[?homme] en fermée
plus la douleur [?y] concentre.
Mais il faut qu'il se ——
fasse violence, pour te soutenir ?
toi même . Je ne t'aimai[?] rien
[?pu] [?t'ombrasse] Lise [?Lamartine]

21 Juin 1888

plication de l'attitude assez indépendante du peuple Maltais vis à vis des Anglais, fait dont j'avais tout d'abord été surpris. L'Angleterre n'a pas conquis Malte; elle s'y est plutôt établie comme auxiliaire et y est restée, il est vrai, mais en usant toujours de grands ménagements envers les indigènes. Il n'y a pas même très longtemps qu'elle a osé construire ici un temple protestant. La population est vaillante et énergique lorsqu'elle s'émeut; elle n'est au surplus susceptible de s'émouvoir que pour la question religieuse. Catholique ardente, elle se ferait massacrer pour l'Eglise. Pour le reste les Maltais sont doux et patients; ils ont d'assez belles qualités mais sont bien laids. C'est tout à fait la race Africaine, mais non dans son beau type arabe. »

De retour à Mâcon pour y retrouver les siens, il écrivait à sa mère.

Le 21 Juin 1862.

« J'ai reçu ce matin votre lettre d'hier. Madeleine a fait jeudi sa première communion, dans cette même église où Alphonsine et moi nous sommes mariés, voilà plus de quatorze ans. Lorsque le temps concentre les souvenirs aux mêmes lieux, sa marche est plus imposante, mais moins brutalement triste que lorsque la vie est éparpillée en divers endroits. Mâcon est devenu pour moi un centre d'existence. La maison de Mme de Cessiat est le gîte le plus paisible, le plus simplement noble que l'on puisse trouver. Mme de Cessiat a tous les vendredis une réunion très agréable et sans aucun luxe. M. Rambuteau en est un des habitués. Il va très bien, sauf l'affaiblissement de la vue, ce qui ne l'empêche pas de jouer au whist, et d'être même assez mauvais joueur. Il dit qu'on a offert de lui rendre la préfecture de la Seine, mais qu'il l'a refusée, ainsi que le Sénat. Il a du reste une existence bien suffisamment confortable. Mme de Béthune, M. et Mme de Bordes et quelques autres autres personnes forment le fond des réunions de Mme de Cessiat. Mme de Béthune a donné un très joli livre à Madeleine pour sa première communion. Madeleine était très belle avec sa robe blanche et son voile. Elle avait l'air d'une jeune abbesse de Remiremont.

« Il fait un temps détestable et l'aridité de Malte est mieux compensée par la pureté du ciel que la verdure de la Bourgogne ne dédommage de ce jour crépusculaire et de cette température froide et humide. Arrivé d'un seul bond de Malte à Mâcon, j'ai dû m'empresser de changer de toilette et de quitter mon costume d'été pour reprendre le drap et la flanelle. Il y a quinze degrés de différence thermométrique.

« Dans trois semaines, il me faudra aller dans le Jura (1), j'arriverai à Paris vers le milieu d'Août pour y rester jusque vers le 15 Octobre. »

La mort de Mme Cessiat termine tristement cette réunion de famille. Elle mourut le 2 Octobre 1862, emportée en trois jours par une congestion pulmonaire. Elle était le centre des affections de la famille, qui, toutes convergeaient vers elle. Chacun de ses enfants pouvait se croire le préféré, car elle trouvait toujours pour eux tous, des mots et des attentions prodigués par le cœur

(1) Chez Cécile de Cessiat, devenue baronne de Beer. Son mari était inspecteur des eaux et forêts à Arbois.

le plus tendre et le plus délicat qui fût. Elle était bonne, aimable et charitable : l'âme délicieuse de sa mère avait gravé une profonde empreinte dans la sienne. Aussi sa mort causa une grande douleur non seulement à ses enfants, mais à tous ceux — et ils étaient nombreux — qui l'avaient aimée.

Les lettres suivantes sont datées de Malte, où M. Jussieu, accompagné cette fois de sa famille, avait rejoint son poste.

Malte, 1ᵉʳ Février 1863.

« Je ne suis pas surpris que Mˡˡᵉ de Lagrange vous ait dit merveille du temps qu'elle a trouvé ici. Le soleil et la lune me donnent beaucoup de satisfaction ; mais ils ne poussent pas l'amabilité jusqu'à pourvoir à mes échéances, aussi étais-je dans un grand embarras pour faire face à la grêle de traites qui va me tomber sur le dos jusqu'à la fin de Mai. Heureusement j'ai trouvé près d'un notaire de Mâcon la solution qu'il me fallait (1). Mᵐᵉ L., la maîtresse de Madeleine est

____

(1) Il avait pris à sa charge les embarras d'argent de ses parents.

en effet la femme de X. qui l'a abandonnée, la laissant sans autre ressource que ses talents. Elle est en quelque sorte l'institutrice des filles du gouverneur, car elle n'a pas d'autres élèves que Mlles Le Marchant et Madeleine. Mais elle est très chère et insuffisante, de sorte qu'il faut qu'Alphonsine donne encore une longue leçon à Madeleine. Elle s'occupe aussi de l'instruction d'Henri (1), auquel il faudrait une classe, puis de tenir le ménage avec le plus d'économie possible. Aussi n'a-t-elle guère de bon temps.

« J'ai vu dans les journaux que Mme Cardinal était morte. Voilà le fameux cabinet de lecture de la rue Cassette fermé. J'ai appris aussi la mort de Mme Damoreau. Je me souviens de l'avoir vue à la maison, elle avait un beau talent, et ce qui est méritoire pour une artiste de l'Opéra, une vie très honnête. Quelle nécropole que la mémoire, quand on arrive à un certain âge !

« Il paraît, toujours d'après les journaux, que le prince de Broglie n'a pas eu grand succès dans son discours de réception de l'Académie, et qu'à

(1) Son fils aîné.

un certain moment, il a parlé « des pouvoirs sans
fondements qui au jour de péril sont sans défen-
seurs ». Aussi M. Guizot qui venait d'applaudir
et qui allait applaudir encore, se sentant ainsi
frappé en pleine poitrine par cette main inno-
cente (dit le « Constitutionnel ») a-t-il regardé le
jeune orateur d'un grand œil étonné. M. Saint-
Marc Girardin semble avoir été également faible
dans sa réponse. »

24 Mai 1863.

« J'ai trouvé parfaitement bien la circulaire de
M. de Persigny, et je ne trouve pas trop faible
l'allusion qu'elle fait à tous les ambitieux bavards,
qui ont passé dix huit ans à s'arracher le pouvoir
aux dépens de la royauté. Cette période a été
une des phases les plus mesquines de notre histoire, sauf la figure de Louis Philippe, qui, à défaut
de grandeur, offre un grain de sagesse, une grande
modération et beaucoup de vertus privées. Qui
aurait cru, lorsque nous voyons cette famille
d'Orléans si heureuse à Eu, que le destin lui serait
si sévère. Les révolutions sont des mers profondes,

et que de chose, hélas! pleines d'enseignements on voit flotter dans les ténèbres de leurs ondes, dit Victor Hugo en de bien beaux vers.

« Je me souviens comme d'hier de notre promenade à la Celle avec M. du Clezieu, dont vous me parlez. Nous sommes allés à la vue de Butard et puis revenus par la maison du Cormier, où l'on nous a servi des fruits et un petit vin acide que M. du Clezieu comparait à du jus de groseille. Trente ans? C'est toute une existence. Jeanne d'Arc n'en avait que vingt quand on l'a brûlée. Hoche n'en avait pas trente lorsqu'il est mort, et nous, grâce à Dieu, nous n'avons pas été appelés à ces grandes destinées, qui finissent parfois si tragiquement. Nous continuons à vivoter, clopin, clopant, grisonnant, et pouvant suivre dans nos journaux les élections en France et l'insurrection de Pologne; mais néanmoins la gaité s'ébrèche tous les jours; on laisse trop de morts sur ce champ de bataille.

« Nous sommes dans ce moment bien inquiets de Mme de Lamartine. Elle était tout dernièrement la seule bien portante dans sa maison et soignait M. de Lamartine et Valentine tous deux allités, et voilà qu'elle est prise par une de ses grandes crises d'irritation muqueuse, que son médecin M. Gouraud juge assez grave. Nous espérons toutefois qu'elle se remettra, sa constitution étant habituée à ces secousses et étant soutenue par un moral d'une rare énergie. Mme de Lamartine m'a toujours fait penser à Anne d'Autriche, c'est la même nature de caractère et d'esprit, modifié chez Mme de Lamartine par une bonté profonde et par une pitié solide. »

31 Mai 1863.

« Chère Mère, nous n'avions malheureusement que trop raison d'être inquiets de Mme de Lamartine, comme je vous le disais dans ma dernière lettre, car nous avons reçu jeudi la nouvelle de sa mort. C'est un événement bien triste pour la famille et qui ne peut manquer de vous affliger aussi, car tant de souvenirs vous liaient à elle. D'ailleurs elle est bien regrettable par toutes ses bonnes et charmantes qualités et l'élévation de son intelligence. Sa dernière lettre à Alphonsine, en date du cinq de ce mois, était loin de nous préparer à la perdre, puisqu'elle était alors relativement bien portante et la garde malade de son mari et de Valentine (1). La vie prend des teintes bien lugubres à mesure que l'on y avance. Les enfants ne comprennent pas la perte des personnes mêlées à tout notre passé ; ils sont étrangers à ce derniers et héritiers d'un avenir qui ne nous appartient pas. Les lois de la vie sont sévères, et pour les connaître il faut être dans ces moments de prospérité, où l'on arrive à s'étouffer sur la réalité. »

Malte, 28 Août 1863.

« Le dernier paquebot français ne nous a pas apporté de vos nouvelles, mais nous avons reçu

(1) Les circonstances qui accompagnèrent cette mort furent particulièrement douloureuses. M. de Lamartine retenu au lit par une crise de rhumatismes ne put venir auprès de Mme de Lamartine assister à ses derniers moments, quoi qu'un couloir seul séparât leurs deux chambres. Cette admirable femme mourut, sans avoir la consolation d'une parole ou d'un regard de celui qu'elle avait si passionnément aimé.

Son corps fut transporté à Saint-Point où les obsèques furent imposantes. De nombreux amis, ainsi que le baron de la Guéronnière, préfet de Saône et Loire, se joignirent à la famille pour y assister.

Les enfants de l'école fondée par Mme de Lamartine, la population du village et de toutes les communes voisines y prirent part et par une pensée délicate on avait tracé sur le monument funéraire « Son souvenir vivra à jamais parmi vous. » Son souvenir devait en effet survivre dans bien des cœurs.

par lui celle bien triste de la mort de Mme de Ligonnès (1), qui a succombé à une fluxion de poitrine. Cet événement nous met en triple deuil, et nous vivons aussi retirés que des corbeaux au fond d'une crevasse inaccessible de rocher. Nous avons aussi appris la mort de Mr de Béthune qui était intimement liée avec la famille d'Alphonsine. Combien cette famille Lamartine est éprouvée de toutes manières ! Et qui aurait cru en 1848, lorsque M. de Lamartine était l'arche du salut, qu'il n'avait plus à attendre que deuils, difficultés et amertumes ? Une belle veine se préparait pour un autre, qui, il faut le reconnaître a su en tirer bon parti, non seulement pour sa maison et pour lui, maîs aussi pour élever la France à un haut degré de prépondérance et de prospérité. Du reste vainqueurs et vaincus, heureux et victimes, sont bien vite réunis dans l'océan du passé, et peu importe, pour la manière dont on en jouit, d'occuper dans l'histoire une demi page, ou une ligne, ou même de ne pas y être mentionné !

(1) Sophie de Lamartine, comtesse de Ligonnès (1803-1863), une des sœurs de Lamartine.

« De quelle maladie est morte Mme de Mérinville ? De toute cette famille qui entourait Mr. de
Vindé à la Celle, il ne survit plus que M. de
Belbœuf, M. de Mérinville et quelques autres
enfants alors, devenus aujourd'hui de grandes
personnes presque mûres. Il me semble que c'était
hier que nous assistions avec tout ce monde aux
joutes de Bougival. Pierre de Lacretelle, que j'ai vu
pour la première fois chez M. de Vindé et qui se
trouve devenu mon neveu par le hazard des
alliances (1), a aussi une santé bien ébranlée, et
nous en sommes fort inquiets, Alphonsine et moi.
Ce serait bien triste s'il venait à laisser veuve sa
femme si jeune et qu'il rend très heureuse, car
c'est un excellent garçon et un homme d'une
morale réelle.

« Nous sommes allés mardi dernier visiter les
ruines d'un temple de Proserpine qui date des
Phéniciens. C'était un grand édifice dont il reste
beaucoup de traces, et qui de loin fait l'effet d'un
« cazal » ou village. On passe pour aller d'ici à

(1) M. de Lacretelle avait épousé Léontine de Pierreclos, fille unique
de la comtesse de Pierreclos, née Cessiat.

ces ruines par cazal Lucca, par Miccabba, et par Crendi. Près de ce dernier endroit, il existe un jardin au fond d'un gouffre circulaire que l'on nomme Macluba. Les enfants n'y sont pas descendus et se sont assis sous de grands caroubiers pour goûter. Toute la famille faisait partie de cette excursion. Nous avions pris deux « calessinos ». Vous devez vous souvenir des véhicules dans lesquels nous avons fait plus d'une course à Livourne. Ils sont ici tels que vous les connaissez, sauf quelques uns perfectionnés et mieux rembourés, qui ont deux banquettes parallèles aux roues. Nous avions Alphonsine et moi un de ces « calessinos » confortables, où nous nous sommes mis avec Madeleine, Henri et Charles. Mais Philomène, Clarisse (I) et la jeune Valentine, aimant à être secouées, ont préféré l'ancien système de locomotion calessimique. Nous nous sommes trouvés un moment en situation de voir chaque côté de l'île et devant nous, comme de la dunette d'un grand navire. »

____

(I) La femme de chambre et la gouvernante des enfants.

17 Avril 1864.

« Je regrette aussi beaucoup M. Ampère. La dernière fois que je l'ai vu c'était en Italie, il y a, je crois, cinq ou six ans. Il méritait de jouir plus longtemps des merveilleux couchers de soleil vermeils, pourpres, bleu tendre, vert, fleur de pêcher qu'il admirait tant au Mexique et qu'il a si bien décrits. Il y avait entre lui et nous bien des souvenirs. Les survivants du passé commencent à devenir rares pour nous.

« Je laisse Madeleine vous raconter un petit séjour qu'elle vient de faire dans un couvent. Je crois qu'elle se serait assez bien arrangée d'une éducation de couvent, elle y aurait même joui de plus de distractions qu'avec nous. Je souhaite que nos garçons aient autant de dispositions pour le collège, — les jours de couvent se sont en effet très bien passés pour elle, mais hélas ! sans lui apprendre la division, les religieuses se sont fait illusion en croyant lui avoir inculqué cette règle. Je voudrais bien qu'elle fût un peu plus avancée pour son âge ; son ignorance contraste trop avec son développement physique.

« Il fait un temps agréable et très chaud à Malte dans ce moment. Nous étions mardi en ville pour la distribution du courrier et nous sommes allé pour lire nos lettres nous asseoir à l'ombre dans une cour du palais du gouverneur. Cette cour est plantée de catalpas et remplie de jolies fleurs, entre autres d'une espèce particulière de beaux liserons qui fleurissent toute l'année et dont le feuillage frais et touffu garnit les murs et encadre les fenêtres. Lorsqu'un peu de végétation vient compléter le magnifique climat de Malte, il en résulte aussitôt un ensemble merveilleux, et c'est charmant de voir le soleil rayonner à travers le feuillage et en éclairer chaudement l'ombrage, »

17 Septembre 1864.

« J'ai reçu une lettre de la Tour d'Auvergne, datée de Vichy. Il me dit que l'empereur se porte à merveille et lui a fait le plus gracieux accueil. La Tour d'Auvergne allait quitter Vichy pour se rendre à son conseil général, dont il est président, puis aux Angliers, et ensuite chez Mgr. de la

Tour d'Auvergne où doit avoir lieu une complète réunion de famille.

« Nous avons eu ici les Murat qui sont arrivés mardi et repartis le soir. Nous les avons reçus de notre mieux et avons passé la journée avec eux. Alphonsine a fait visiter la ville aux princesses, pendant que je tenais compagnie au prince Murat qui ne peut guère se mouvoir. Il souffre du dia-bète. La princesse Anna est agréable, l'expression de sa physionomie manque seulement un peu de douceur.

« Le gouverneur et sa femme sont venus faire leur visite à bord, lorsque nous revenions de la promenade ; ils attendaient depuis quinze jours les Murat et se proposaient de les recevoir, mais nous avons fait main basse les premiers, ce que nous préférions à nous trouver ne plus faire par-tie que d'une suite. La princesse Anna a Lisbonne en horreur ; cependant elle n'a fait que passer avec l'Impératrice dans des conditions très agréa-bles. C'est étonnant qu'une grande capitale si bien située et sous un beau ciel soit aussi anti-pathique. »

24 Septembre 1864.

« Si vous trouvez aussi triste que moi de ne presque plus nous revoir, il faudra que vous veniez vous établir dans ma résidence. Mon père peut se faire transporter d'une voiture dans un chemin de fer, fut-il encore plus impotent. Mais moi je ne puis faire de l'argent, ce beau don m'a été refusé comme bien d'autres, et il me faut vivoter prudemment. J'espère que l'année prochaine nous serons changés ; je regretterai toujours Malte quant à moi et dans mes jours de mauvaise humeur, je me souviendrai de sa tranquillité et de son beau climat. Et puis on est ici au milieu de tant de souvenirs ; je vieillis tellement en lisant beaucoup l'histoire, que le passé le plus reculé me semble presque contemporain et que je m'étonnerais à peine de rencontrer en chassant une caille, Calypso assise sur un rocher, faisant la coquette avec Ulysse. Ce n'est pas avec mes rêvasseries qu'on réussit comme les C. En voilà qui ont su mordre de bon cœur au positif de la vie et qui en sont bien récompensés. Je ne le fais moi que par devoir et par raison. Le plus grand emploi n'aura jamais à mes yeux que la valeur d'un moulin qui fait vivre plus ou moins bien le meunier, mais ne me procurera aucune de ces satisfactions d'amour-propre qui sont un puissant stimulant.

« Nous nous amusons beaucoup de l'effet qu'a produit pour nous le passage, que je vous ai narré, des Murat à Malte. Le gouverneur avait préparé une revue, que j'ai changé en une promenade dans la ville. Le gouverneur et Lady Le Marchand ont alors été réduits à venir faire leur visite à bord en grande toilette et uniforme et nous y ont trouvés, moi n'étant pas en uniforme. Ils ont vu avec quelle considération on nous traitait, et cela leur a fait de l'impression. Lady Le Marchand envoie maintenant de San Antonio (1) des fleurs à Alphonsine et l'a priée de venir visiter les jardins réservés, de lui faire savoir quel jour, afin qu'elle l'attende. Sans repousser ces avances, nous y répondons modérément ; ils auraient dû s'informer un peu plus tôt qui nous sommes. Les Anglais sont incroyablement esclaves des faits

(1) Résidence d'été du gouverneur.

matériels du pouvoir et de la fortune, et durs à comprendre qu'il peut exister en dehors de ces biens quelque chose de supérieur provenant surtout de l'élévation des sentiments, mais aussi des illustrations de famille, et que certaines vieilles bottes sont plus en droit d'éclabousser qu'un attelage de quatre chevaux. Les journaux Maltais ont reproché au gouverneur de n'avoir pas fait plus de frais pour les Murat. Celui-ci pour se justifier m'a envoyé le programme de la réception qu'il avait préparée.

1er Octobre 1864.

« Lady Le Marchand nous a témoigné un si grand désir de nous faire visiter les jardins réservés de San Antonio que nous nous sommes tous entassés lundi dans une calèche qui fléchissait sous notre poids et qui a éprouvé en route deux avaries, dont la dernière a eu lieu au retour et a obligé quatre d'entre nous à revenir à pieds. Je me serais mis volontiers au nombre des piétons, mais j'avais des souliers vernis qui ne plaisantent pas, aussi je suis resté dans la voiture avec Alphonsine et les plus jeunes enfants.

« Le petit palais de San Antonio est un oasis artificiel de verdure. On ne se croit plus à Malte en voyant tant de grands et beaux arbres. Valentine (1) était fort effrayée de se trouver entourée d'arbres et avait peur qu'ils ne tombassent sur elle ; on a eu grand peine à la rassurer ; elle n'est à son aise que sur le rocher aride et bien nu. Comme on lui montrait des arbres fruitiers, elle a demandé à voir aussi « l'arbre à viande ». Lady Le Marchand nous a promené dans cet éden qu'elle va quitter avec un profond regret. Leur successeur sir William Storchts, ex-haut commissaire aux Iles Ioniennes, est moins âgé qu'on ne me l'avait dit, car il n'a que 54 ans. Son père qui est un des plus renommés légistes de l'Angleterre, continue à quatre vingts ans à gagner une masse de livres sterlings. Il y a de par le monde de solides gaillards qui conservent indéfiniment bon pied et bon œil. La vieillesse vaut mieux sous bien des rapports que la jeunesse, les passions s'amendant, et on a le temps de reconnaitre que le vrai fil d'Ariane en ce monde

____

(1) Elle devait atteindre l'âge de trois ans le mois suivant

est la bonté, comme le disait Walter Scott mourant à M. Lockait.

« Je viens de lire le premier volume des méditations religieuses de M. Guizot. C'est très bien. M. Guizot conserve vraiment une admirable vigueur d'esprit. Je lui en sais gré et lui pardonne mon éternel surnumérariat. Encore un bon effet du temps qui calme les rancunes. »

8 Octobre 1864.

« Voilà la Sliema (1), déjà presque rendue à sa solitude d'hiver ; il ne reste que trois maisons ouvertes, la nôtre comprise, et d'autre animation que celle de la mer qui se brise avec bruit sur les rochers. Elle a été fort mauvaise ces jours passés et nous a donné un assez beau spectacle. Je ne désire pas moins que vous que nous quittions Malte pour nous rapprocher de la France. Il est certain que, si nous étions reliés à Paris par un chemin de fer direct, vous pourriez très facilement venir nous voir. Milan ou Barcelone voilà

(1) Partie de l'île où ils habitent.

ce qu'il me faudrait, en attendant une légation qui améliorerait ma retraite. J'ai vu déjà beaucoup de mes collègues obtenir cet avancement, mais ce sont des gens en position de séjourner à Paris, de s'y montrer et d'y agir. C'est un grand désavantage d'être constamment cloué au loin. Je voudrais être changé l'année prochaine. Voilà tous mes anciens collègues du cabinet bien casés. D'Astorg, ministre à Darmstael, Bondy, ministre à Cassel, deux charmantes légations, si faciles et si près de France ; Chateaurenard, ministre à Washington, ce que j'aime moins, quoique ce soit plus important. Après m'être trouvé avec une avance superbe, me voilà à la queue. Pauvre révolution de 1848 si calomniée. Je la porte dans mon cœur. Quel dommage que M. de Lamartine ne soit pas resté sur le siège, comme nous aurions été bien dans la voiture ! Il est vrai que celui qui conduit le coche s'en tire à merveille, mais j'aimerais plus de cahots, et que nous fussions dans le coupé, au lieu d'avoir été précipités dans la rotonde. Voilà une gracieuse comparaison que la génération qui s'élève ne sera jamais en état de faire. Nous avons vu bien des choses finir, et nous en avons vu assez de nouvelles pour que rien dans l'avenir puisse nous surprendre. C'est là un des avantages de l'époque à laquelle nous vivons. Il est probable que les sociétés à venir seront de moins en moins intellectuelles ; il y aura trop de mouvement pour que l'esprit n'en souffre pas ; l'activité physique et les voyages lui sont essentiellement contraires. Ce n'est pas sur les chemins de fer et les paquebots que se développent les Pascal ni les Montesquieu. Toute l'espèce humaine est destinée à devenir Yankee. Nous étions invités jeudi à la réception d'un commandeur de Saint-Georges et nous y sommes allés. C'était au Palais, et il y avait beaucoup de monde. Le gouverneur, qui recevait le nouveau commandeur, avait un superbe manteau de soie bleue, et celui-ci en avait un de soie rouge. On se fait des révérences, on recule, on avance, au total c'est un peu carnavalesque, quoique les acteurs soient du plus grand sérieux et aient tous l'air de pince-sans-rire. Cette croix de Saint Georges est exclusivement affectée à la Méditerrannée ; le grade de commandeur donne la qualification viagère de sir et à la femme celle de lady, ce qui fit la joie de ceux qui l'obtiennent et qui en général étaient précédemment de très simples mortels. Nous ne sommes allés à cette cérémonie que pour Madeleine qui désirait beaucoup la voir. Aujourd'hui nous allons encore en ville faire nos adieux à la famille Le Marchand qui part. Elle nous a envoyé jusqu'à la fin des bouquets.

Une lettre à l'écriture enfantine se trouve parmi celles que nous transcrivons. La voici dans toute sa naïveté. Elle prouve que Madeleine qui avait déjà l'aspect d'une jeune fille conservait encore la simplicité de l'enfance. Cette lettre était adressée à une cousine, Mina de Beer.

Malte, 27 Octobre 1864.

Ma Chère Mina. Aujourd'hui, s'il ne pleut pas, j'irai en ville voir faire un nouveau chevalier de Saint Michel et Saint Georges. Je vais te dire ma toilette; une robe blanche, avec ma casaque de soie noire et mon chapeau que je n'ai mis qu'une fois. Il est noir garni de ruban bleu. Il est très joli.

Pendant que je t'écris, il y a près de moi Valentine qui a très peur qu'on la couche ; alors, dès qu'elle entend du bruit, elle va vite se cacher. Je laisse ma lettre comme cela, pour la finir après la cérémonie, que je veux te raconter.

« Que de choses à te raconter ! Donc je me suis mise dans tous les états parce que cela devait être à deux heures et demi et ma robe blanche, qui était à la blanchisserie, n'était pas à la maison à deux heures moins un quart. Je me suis toute habillée, et je suis allée chez la blanchisseuse en jupon, avec ma casaque et mon chapeau. Là je me suis habillée et nous sommes partis pour la ville. Nous avons trouvé une voiture au consulat et nous avons été chez le gouverneur. La cérémonie est très drôle ; ils sont habillés comme des polichinels et font toutes sortes de bêtises. J'avais une envie de rire terrible. Ensuite nous avons été chez une dame, où j'ai goûté avec de l'excellent miel et du pain d'épice.

« Adieu, ma Chère Mina, je t'embrasse de tout mon cœur ; il est cinq heures et je suis un peu fatiguée. »

Madeleine.

5 Novembre 1864.

« Chère Mère. Je suis bien aise que L. me conserve tant d'affection, et j'espère pour ne pas la perdre continuer à me bien porter, et à ne pas tomber malade comme ce pauvre Lécuyer, dont il s'est si bien dégouté, après l'avoir tant aimé. L'amitié n'est qu'un pacte, dans lequel chaque partie exige de l'autre un avantage ou un plaisir quelconque, et auquel les fautes et même les malheurs immérités mettent parfois fin. Tandis que la charité redouble d'ardeur en présence de l'infortune et même de la culpabilité, de sorte qu'elle est évidemment surnaturelle, comme l'apprend l'expérience de la vie. Quoi qu'il en soit, je ne fais pas fi de l'amitié de L. et je suis touché de sa contemplation de mon portrait par Pinguet, où je ressemble à un bâton de cire à cacheter noire.

« Avez-vous lu les insolentes lettres de Garibaldi ? On s'étonne qu'un pareil brouillon ait pu avoir tant d'action sur des masses d'hommes. Ce n'est pas du reste lui qui rédige les écrits qu'il signe, c'est son secrétaire, qui remplissait précédemment cette fonction auprès de Mazzini et que celui-ci a colloqué à Garibaldi pour le maintenir dans la bonne voie et jeter un peu d'agrément de style et d'érudition historique sur ses tartines. Mazzini est beaucoup plus mauvais que Garibaldi, mais il a en intelligence et en habilité ce que l'autre n'a qu'en courage.

« Vous souvenez-vous du duc de Talleyrand de Florence ? Il vient de se marier avec Mme Mac Donnell. Vous connaissiez aussi Sinci notre médecin de Livourne ; il vient de mourir, c'était un brave homme que je regrette ; il a succombé à la « migliara », mais le chagrin avait miné sa constitution ; il avait de grands chagrins domestiques, et puis son attachement connu pour le grand Duc, qu'il ne dissimulait pas, lui avait créé une situation pénible ; on s'était éloigné de lui, et on lui criait dans la rue « Il babo non ritorna più ! » (1). C'était hier la Saint-Charles, grande fête à la maison Nous sommes deux à porter ce nom. Congé et surprises. Celle de Charles le jeune a été une

(1) Le père ne revient plus.

petite voiture, et la mienne une blague à tabac remplie de cet incomparable végétal. »

3 Décembre 1864.

« Le nouveau gouverneur est arrivé mais je ne l'ai pas encore vu ; j'hésite si j'irai lui faire une visite avec les autres consuls ou seul. Je me trouve ici dans une position particulière, en ce que je suis le seul consul général et que mes collègues sont en outre de petits négociants. Il me déplait assez d'être présenté au nouveau gouverneur par notre doyen, bon homme plus qu'octogénaire, qui bredouille en parlant toujours de ses instructions, et qui jadis était marchand de denrées coloniales, de caroubes, vulgairement parlant épicier. Comme les Anglais ne péchent pas par trop de considération pour les consuls, je voudrais trouver le moyen, sans froisser mes collègues, de ne pas inaugurer dans leur compagnie mes rapports avec sir William Storchs. Du reste peu importe le plus ou moins d'agrément de nos rapports extérieurs, nous vivons si retirés que nous ne tenons pas à trop d'empressement.

« Le 1er décembre, ont sonné mes 44 ans; cela commence à bien faire. Ce n'est cependant pas encore assez pour jeter par dessus les moulins le bonnet de la jeunesse, et c'est trop pour le coiffer sur l'oreille, il ne me reste qu'à le porter comme un bonnet de coton. Vous n'étiez pas là pour m'apporter une rose de bengale, mais mon gros Charlot vous a remplacé: il a ramassé quelques fleurs qu'il m'a apportées. C'est un bon enfant, qui n'a pas du tout le type de nos autres enfants.

« Je ne pense pas mettre Henri et Charles au collège, avant qu'il n'aient dix ou onze ans. Nous aurons moins de regrets de nous en séparer, en les mettant dans une maison dirigée par des ecclé-siastiques, qu'à les lancer dans un de ces immondes cloaques universitaires. Je suis tout à fait de ceux qui pensent que c'est au clergé catholique que devrait exclusivement appartenir l'éducation de la jeunesse. Il y a une foule de raisons majeures à l'appui de cette opinion malheureusement trop peu partagée de nos jours.

« Nous avons de très bonnes nouvelles de M. de Lamartine, rajeuni de dix ans, et trouvant qu'il a passé une nuit médiocre quand il a dormi

de dix heures du soir à six heures du matin. On
vient beaucoup le voir, à ce que nous écrit Valentine. »

24 Décembre 1864.

« Chère Mère. La visite collective faite par mes
collègues au nouveau gouverneur a été encore
plus burlesque que ce que l'on m'avait dit. C'est
le vieux consul d'Autriche, qui en vertu de ses
quatre vingt cinq ans, prend toujours la préséance,
qui a fait les présentations. Il prenait chaque
consul par la main, qu'il mettait dans celle du
gouverneur; puis en fermant les deux mains
dans la sienne, il disait « Le consul de... de... » le
patient déclinait alors lui-même sa nationalité.
Le consul d'Espagne a été présenté omme
consul de Turquie. « Mais c'est moi le consul de
Turquie »! s'est écrié, de l'autre bout du salon,
une voix partant de dessous un fez. Enfin il
parait que cela a été vraiment comique. J'ai bien
fait d'y aller seul. Sir William Storchs n'aime que
Paris : il vous en remontrerait même à cet égard.
Il en est tellement épris que, lorsqu'il est obligé

de le quitter pour des emplois, il craint de mourir ailleurs, de peur de ne pas être enterré au Père Lachaise, son cimetière de prédilection. Madeleine a fait cette semaine un petit séjour en villa chez Mme Mattei; elle a trouvé assez douillet le lit du grand juge Micaleff (1). Ce n'est pas Faust, mais l'opéra de Rigoletto dont on l'a régalée. Aussi j'ai eu l'occasion de me récrier sur les inconvénients des veilles et du monde, car par le plus grand extraordinaire, et pour lui faire plaisir, nous sommes allés hier à un concert chez la marquise Drago, qui est une personne des plus collets montés, sans métaphore — car elle ne permet pas qu'on vienne chez elle décolleté. Alphonsine et Madeleine avaient donc des robes entièrement montantes. Nous sommes rentrés à une heure du matin. Aujourd'hui les leçons ont été supprimées, Madeleine n'était pas disposée à en prendre. Je suis parti de là pour me lancer dans des récriminations sur les inconvénients des veilles mondaines. Madeleine est très disposée à croire tout le contraire de ce que je disais, aussi

(1) Mme Mattei était née Micaleff

sa mère et moi ne cessons de parler devant elle du monde, avec une sainte horreur.

« Dans trois jours il y aura treize ans que je vous ai mené à Florence pour la première fois. Nous avons déjeuné à Empoli où j'avais envoyé la voiture nous attendre. Mon père prenait soixante ans ce jour là. Il va donc avoir soixante treize ans, précisément l'âge auquel le cardinal de Fleury (qui n'était pas encore cardinal), a débuté dans son ministère de dix neuf ans, qui a été un des plus honorables de l'histoire.

« C'est beau de commencer sa carrière à soixante treize ans et de laisser une noble et grande trace. Colbert et Fleury sont mes deux ministres de prédilection. Je les mets au-dessus de Richelieu et de Mazarin. J'ai vu dans les journaux que l'on va, par ordre de l'Empereur, élever à Vichy un monument à Mme de Sévigné. Je pense que vous approuvez beaucoup cette mesure ; quant à moi je ne sais pourquoi je suis si mauvais appréciateur de trois femmes illustres, très différentes cependant, mais qui me sont également peu sympathiques ; ce sont Mmes de Sévigné, de Staël et Roland, elles me portent sur les nerfs. Mais j'aime beaucoup Mme de Motteville, Mme de Staël et Mme Campan, et je les relis volontiers toutes les fois que leurs œuvres me tombent sous la main. Il y avait dans ces trois dernières femmes un bon sens pratique allié à une rare absence de prétentions.

« Je trouve comme vous, très bien réussie la photographie de M. Ampère que vous m'avez envoyée, et je partage tous vos bons souvenirs sur lui. C'est par le bateau Anglais que j'ai reçu votre lettre. Tant que durera ce service, la correspondance pourra encore aller, bien qu'assez incommodément, parce que les bateaux Anglais se croisent ici en même temps, de sorte qu'on ne peut répondre que la semaine suivante aux lettres que l'on reçoit, mais ce service va du reste aussi bientôt cesser. Quand il s'agit d'une île, les communications sont extrêmement importantes, sinon la distance devient incalculable, on pourrait encore à la rigueur aller de Pékin en France à pied, mais nul nageur n'atteindrait d'ici la terre ferme. Malte va devenir une prison bien close, et quoique les belles vagues bleues de la Médierranée constituent de très jolis verrous, ils n'en

ALPHONSE ET CÉCILE DE CESSIAT
Portrait peint par Mlle de Lamartine

sont pas moins intolérables. Nous n'aspirons donc qu'à notre élargissement, nous allons y travailler obstinément et sans relâche.

« Voilà me dites vous, les Carné qui vont retourner en Bretagne et y trouver M. de la Grandière échappé pour un moment de son gouvernement de la Cochinchine et condamné à y retourner au mois d'Octobre. C'est joliment loin de la Cochinchine, malgré la ligne de Suez et le bateau à vapeur. Toute cette famille Carné est bien distinguée à tous les égards ; on est vraiment heureux de les connaître intimement. La visite de M. Sauret a dû vous être agréable, c'est un homme d'esprit et de sentiments fort élevés. Je le crois bien supérieur sous ce rapport moral aux deux personnes dont il vous a donné des nouvelles, MM. Duchatel et Thiers ; mais celui-ci a dans son lot un fameux talent ; « l'histoire du consulat et de l'empire » est vraiment une merveille.

« Vous souvenez-vous de M. Théotoky ? Il est maintenant à Odessa en train de recueillir une grande fortune, que lui a laissée une Russe qu'il avait épousée. Il ne fait que divorcer, ou redevenir veuf, toujours avec de grands profits financiers. Il ne doit plus être maintenant bien jeune, voilà déjà longtemps qu'il brillait à Paris, il y a quelques années. Je l'ai réaperçu à Florence toujours aussi élégant.

« Je ne crois pas à mon talent de rédaction au sujet duquel M. Dobigné (1) vous a reproduit la prétendue opinion du ministère. Je parviens à dire ce que je veux sur les choses qui m'intéressent fortement; mais j'ai l'esprit paresseux et suis si mauvais grammairien qu'il est impossible que je sois bon rédacteur. M. Dobigné a voulu vous faire un compliment, tout en riant à part lui; car je le crois fort peu disposé à me juger favorablement et à accueillir le bien quel qu'il soit, qu'on dit de moi. Si au ministère on lui a parlé ainsi qu'il le dit de ma rédaction, il a peut être répondu : « Hi, hi, hi, j'ai vu ses brouillons à Lisbonne! »

29 Juin 1865.

« Chère Mère, je pense que mes lettres doi-

---

(1) M. Dobigné avait été chancellier du consulat de Lisbonne et sympathisait avec le ministre plutôt qu'avec le consul général.

vent vous arriver toutes percées et tailladées à cause de la quarantaine imposée à Marseille aux bateaux d'Alexandrie qui prennent au passage nos courriers. On craint beaucoup ici le choléra quoiqu'il n'y en ait jusqu'à présent aucun indice, mais en Egypte il sévit violemment, surtout sur les Hadjis revenant de la Mecque ; il en est mort, dit-on, en peu de jours, quinze mille à Djedha.

« J'enseigne, comme vous le savez, la grammaire à mes enfants, et j'en ai l'esprit tellement embrouillé que j'en perds le peu de style que je devais à la pratique. Aujourd'hui particulièrement, je suis dans la confusion, ayant passé la soirée d'hier à causer avec un juriste de profession qui m'a fait comprendre la difficulté, pour ne pas dire l'impossibilité de rédiger correctement, qui m'a fait voir des fautes dans une phrase que je trouvais bien tournée et m'a corrigé cinq ou six fautes d'orthographe dans une ligne qu'il m'a dictée. Suivant ce juriste, l'ouvrage le plus parfait de la langue française, grammaticalement parlant, est le « Petit Carême » de Massilon qui ne contient qu'une seule faute de pronom relatif Tous nos écrivains même les plus fameux commettent de nombreux pataquès, et cependant sans ignorer leur grammaire.

« Valentine a regretté de ne pas vous trouver. Elle est pour le moment à Monceau avec M. de Lamartine ; mais ils ne vont pas tarder à aller à Saint Point. Je comprends l'effet qu'elle a produit sur Mme Raucourt, car elle a vraiment beaucoup de charme, et se met très bien, ce qui ajoute encore à son élégance naturelle. »

10 Août 1865.

« Chère Mère, nous continuons notre train-train de choléra. Les cas varient de cinquante à soixante par jour, avec un tiers de mortalité dans la population civile ; car il n'y a que certaines autorités qui connaissent l'état sanitaire des troupes. Il règne le plus grand désordre ; les médecins se conduisent fort mal ; les uns refusent d'aller voir les malades ; un a décampé ; les plus braves s'aventurent jusqu'à une portée de pistolet des malades, les regardent, et voient toujours le choléra, même quand il n'y est pas. C'est ainsi qu'un pauvre ivrogne a été porté de force l'autre jour à l'hôpital quoiqu'il ne cessât de crier : « Ce n'est pas lui, ce n'est pas lui! » Et il le savait mieux que personne. Nous nous sommes mis, ainsi que toute la maison, à la ration congrue en fait de fruits, et ne mangeons chacun qu'une pêche pour dessert. Il ne faut pas plaisanter avec l'influence cholérique, car, une fois pincé, l'affaire est mauvaise. Aucun de nous au surplus n'est effrayé. Madeleine a l'instinct qu'avec son estomac d'autruche le choléra n'est pas beaucoup plus à craindre pour elle, qu'une flèche empoisonnée pour la muraille d'un vaisseau blindé (1). Alphonsine est toujours brave dans toutes les circonstances, et moi je me suis aguerri. Quand par bonheur et par expérience, on n'a pas l'imagination frappée, il ne faut cependant pas faire le bravache, mais sympathiser avec ceux qui ont peur (Il y a beaucoup d'occasions d'exercer cette sympathie dans ce moment, car la population est terrifiée) et se dire que si l'on n'a pas peur de cela, on aurait peut'être pas peur d'autre chose. Aussi je ne mé-

____

(1) Elle devait en mourir l'année suivante.

prise nullement les poltrons, et j'ai horreur des fanfarons.

« Nous faisons une chère atroce, privés de légumes, et presque complètement de fruits. Nous sommes réduits à des viandes détestables, provenant de bétail arrivé fatigué par la mer, nourri et engraissé avec des feuilles de cotonier, des caroubes et des fruits avariés. Cette mauvaise nourriture est hors de prix. Nous voudrions bien, en récompense du triste été que nous passons, avoir notre changement cet automne. »

31 Aoùt 1865.

« Chère Mère, nous venons de perdre notre cuisinier Ranieri du choléra. Nous n'avons pas voulu qu'on le portât à l'hôpital, et nous l'avons soigné chez nous, après avoir envoyé les enfants chez une personne qui a bien voulu s'en charger, ce qui est très méritoire à Malte, où il suffit qu'il y ait un malade dans une maison pour que tout ce qui en sort occasionne un sauve qui peut.

« Ranieri après avoir fait son diner dimanche soir, s'est senti si mal qu'il nous a demandé de prendre pour quelques jours un cuisinier afin qu'il puisse se soigner. Le choléra s'est déclaré tout de suite et le lendemain à dix heures du matin il a succombé. Le cas était si pressant que nous n'avons pu appeler le docteur Missud notre médecin. J'ai du faire venir un médecin de la Sliema et le médecin de la police. Ils ont commencé par donner à Ranieri une grande quantité de brandy, car en pays anglais le brandy est toujours la première chose à laquelle on a recours. Ils ont ensuite administré de l'opium à doses insensées et ont en effet, par ce moyen, vaincu. anéanti même le choléra, qui a disparu pour faire place à un engourdissement complet. Le lendemain les deux médecins sont revenus pleins d'espoir dans le beau résultat de la veille, et ils ont trouvé leur malade toujours engourdi. Ils ont essayé alors de le réveiller avec du café, mais il n'y a pas eu moyen et la mort est arrivée. Missud eût sans doute mieux fait, parce qu'il raisonne assez bien et a acquis une certaine expérience du choléra dans notre hopital militaire pendant la guerre de Crimée.

« Madeleine se conduit très bien ; une jeune

fille de ses amies, qui était chez nous lorsque Ranieri a pris le choléra, voulait en nous quittant bien vite l'emmener avec elle. Madeleine s'est récriée en disant que, précisément parce que le choléra était dans la maison, elle tenait d'autant plus à y rester. Elle a cependant consenti à aller avec ses frères et sa sœur chez Mme Mattei, mais parce qu'elle nous était nécessaire pour tenir lieu de bonne d'enfants, Philomène et Clarisse ne quittant pas Ranieri qu'elles aimaient fort, et qu'elles ont soigné avec un grand dévouement.

« Vous avez à Paris des ambassadeurs japonais qui m'ont de plus occasionné une grande émotion, pendant que j'étais déjà si tristement et si déplaisemment occupé. Ils ont oublié au Japon des cartes dont ils ont besoin pour un traité et on m'a télégraphié de les faire venir au plus vite. Je ne me croyais pas au Japon et je n'ai vu rien d'autre à faire que de transmettre ce télégramme à mon collègue d'Alexandrie. Mais quand je reçois un télégramme, j'éprouve une terrible angoisse avant d'en connaître le contenu. Aussi j'appréhende de voir apparaître un porteur de dépêches.

« Nous attendons aujourd'hui le courrier. Nous sommes dans une véritable prison, enfermés par les captivités des Lazarets qui nous font comme une ceinture d'emprisonnement. Nous pouvons nous considérer, sauf la criminalité, comme des déportés. Telle est notre agréable situation.

« Le pauvre Ranieri n'avait que 31 ans, nous l'avions connu en Toscane, et il désirait toujours entrer dans notre maison où sa destinée était de succomber bien prématurément. On est persuadé ici qu'il était mon fils, ce qui m'aurait obligé à l'avoir bien jeune, mais on ne s'explique pas, à Malte, qu'un domestique ayant le choléra ne soit pas aussitôt envoyé à l'hôpital, ni qu'on fasse pour lui la dépense d'un enterrement. Quand c'est un proche parent qui est atteint par l'épidémie, on lui laisse la maison et on se sauve ailleurs. C'est ainsi que dernièrement, un monsieur se promenait en ville en attendant que sa fille fût morte et la maison purifiée, pour y rentrer. Vous jugez si nous sommes en quarantaine. Le peu de personnes que nous voyions nous évitent, sauf Mme Mattei, qui s'est très bien conduite pour nous. »

30 Septembre 1865.

« Chère mère, nous avons été bien inquiets ces jours-ci au sujet d'Henri, qui a eu une attaque de choléra. On lui a fait prendre en un seul jour un grain et demi d'opium équivalent à 36 gouttes de laudanum, mais on le lui a donné en pilules mêlées de calomel et de camphre. Ce remède a parfaitement réussi; une potion très efficace aussi a prévenu la période algide, et nous avons été vite rassurés. Mais lorsque le matin, Missud nous a dit que c'était le choléra déclaré, nous étions bien attristés. C'est un bon médecin que Missud, et je crois qu'il aurait aussi sauvé Ranieri s'il l'avait soigné et pris aussi à temps qu'Henri. Celui-ci commence à se lever, il n'y a que cinq jours qu'il a eu son attaque ; il a été pris le matin au moment où il s'apprêtait à venir prendre sa leçon. Il était encore fort heureusement tout à fait à jeun, ce qui a fait grand plaisir à Missud qui considère le choléra comme infiniment plus redoutable lorsqu'il vous saisit l'estomac chargé. Il faut espérer que nous allons enfin être délivrés entièrement de l'épidémie. Combien nous serons heureux d'être hors de ce fléau.... et surtout hors d'ici !

« Mme Mattei continue, quel que soit notre état sanitaire, à venir nous voir, mais tout le reste de nos connaissances s'est mis en quarantaine avec nous, à commencer par le consul de Russie, ordinairement un de nos plus habituels visiteurs, qui, malgré ses 72 ans ou 73 ans, tient à la vie comme un jeune homme ; il en use du reste encore à peu près de même, et est toujours de joyeuse humeur, mais il ne faut compter sur lui pour rien. Madeleine pour se moquer de lui et de ses pareils s'est promenée l'autre jour avec un petit pavillon jaune à la main.

« L'évêque est venu nous voir. Comme il ne fait presque jamais de visites, son apparition dans une maison fait grande sensation dans le pays. Il est archevêque de Rhodes et évêque de Malte. Il avait dernièrement dans son diocèse l'île de Gozzo ; mais on y a institué un autre évêque, partisan des Jésuites qui vont établir au Gozzo un collège, ce qui sera un grand bien pour la localité.

« La mort de M. de Lamoricière est une perte

pour notre armée bien qu'il n'en fît plus, je crois, activement partie, mais il en était une des illustrations. Je suis de ceux qui pensaient qu'il a bien fait de mettre son épée au service du Pape, bien qu'il ait été vaincu. »

17 Octobre 1865.

« Chère Mère, je n'ai pas reçu votre lettre qui a dû partir de Marseille le 28 Septembre, mais j'ai reçu celles du 2 et 4 Octobre qui ont suffi pour me rassurer sur votre compte. Nous désirons de plus en plus sortir d'ici, et chaque jour accroit notre impatience de nous rapprocher de France et de reprendre pied sur le continent.

« J'ai besoin aussi de mon changement pour arranger mes affaires. Il y a des nuits, lorsque l'on pense au temps écoulé, aux parents et amis disparus, aux difficultés du présent, et aux incertitudes de l'avenir, on est bien loin d'être sur un lit de roses. Les nouvelles que nous venons de recevoir de M. de Lamartine ne sont pas gaies non plus. Il est plus que jamais en crise financière. Mme Danrémont (1) est attendue à Saint Point.

(1) Née Baraguey d'Hilliers ; sœur du maréchal.

Elle est fort animée et bonne dans cet intérieur.
Des gens qui sont dans un de ces moments passa-
gers de la vie où tout sourit, viennent de s'abattre,
pour un moment, sous les vieux murs assombris
de Saint Point, en allant en Italie, Ce sont M. et
Mme Russel. Mme Russel était Mlle de Peyronnet,
petite-fille du ministre. Elle a épousé ces jours
derniers M. Russell, neveu du duc de Badfort, et
dont le frère sera duc de Badfort (1). Celui-ci
a fait la surprise à son frère, qui possédait déjà
vingt-cinq mille francs de rente, de lui ajouter
vingt-cinq mille autres pour son mariage. Je souhaite que mes filles et mes nièces aient autant de
chance que Mlle de Peyronnet qui n'était guère
plus riche. Il ne faut s'inquiéter de l'avenir qu'en
s'habituant à demander le moins possible au présent et à réduire ses besoins. Malte est sous ce
rapport une bonne école. Quand on y a passé
trois ans, on n'est plus difficile pour rien.

« J'écris bien loin par ce courrier : aux environs
de Pékin, ni plus ni moins. Nous avons là un jeune
missionnaire de nos amis. C'est un prêtre, un vé-

(1) Par suite de sa mort, son frère hérita de ce titre.

ritable saint qui n'aspire qu'au martyre et qui a déjà manqué l'obtenir. Mais il trouve que c'est trop tôt et qu'il l'eût volé! Voilà de solides courages, et qui ne tiennent pas au bon état de l'estomac, à la chaleur du sang, ni à l'amour propre mondain. A propos de choses mondaines, le théâtre a ouvert ses portes. Madeleine en est toute en train. Une famille de notre connaissance l'y mènera lundi, elle aura encore l'occasion d'y aller ainsi une ou deux fois, et ce sera suffisant. Elle a tant de disposition à aimer le plaisir et le monde que nous n'aurons jamais à craindre de trop l'enrayer sur cette pente. Je reconnais d'ailleurs que sa vie n'est pas fort gaie, et qu'Alphonsine et moi ne sommes pas d'humeur assez joviales pour une semblable jeunesse. J'ai été vraiment bien aise d'avoir des nouvelles d'Athénaïs (1) et de sa fille Julia — ainsi nommée parce que M. de Lamartine et Julia avaient beaucoup impressionné cette brave femme, qui m'a ainsi expliqué le nom italien de sa fille, alors qu'elle était mon majordome; moi tenant la maison pendant

(1) Une ancienne cuisinière.

que vous étiez à Saint-Vaast, et que mon père
et moi nous ne nous nourrissions par mes ordres
que de canards sauvages et de civets de lièvres,
que nous aimions également et qu'Athénaïs nous
accommodait de son mieux. Je me souviens aussi
d'un certain flan qu'elle avait fait à Sèvres un jour
que M. de Lamartine et Mme de Coppens y étaient
venus dîner avec nous. J'irai voir Athénaïs, lorsque
je serai à Paris et aussi les Leguay (1), qui nous
sont fidèles ; mais pour ceux-ci j'avoue que je
serai en habit et fort intimidé ; les voilà riches et
nous sommes gueux. C'est ainsi que va le monde...
les uns se ruinent, les autres deviennent de nota-
bles commerçants et des ri hards. Mais la vraie
et rare fortune, c'est d'être au premier rang de la
société, sans avoir besoin d'argent pour cela, et
c'est ce qui arrive quand on est neveu de Bernard
de Jussieu et de M. de Lamartine et que l'on sait
se faire sa place. J'espère que nos fils le compren-
dront comme moi.

(1) Des domestiques qui avaient été au service de ses parents et
qui s'étaient enrichis.

24 Octobre 1865.

« Nous pouvons nous considérer comme délivrés du choléra. Il persiste encore dans deux ou trois casals. Le médecin de casal Siggevi vient d'en mourir en cinq heures, et casal Zeitun, autre village dans le sud de l'île est toujours à nous gratifier de quelques cas. Les leçons ont souffert des circonstances. Je n'en ai pas donné à Henri depuis qu'il a été malade, un mois ou six semaines de vacances ne font pas de mal et permettent à la science de se tasser, de s'incruster. Je suis le seul à Malte maintenant, qui se baigne encore, et j'étudie sérieusement le plongeon, que j'avais un peu négligé.

« Je suis allé l'autre jour à Birchicara pour une affaire ; c'est là qu'est enterré ce pauvre Ranieri dans une église en ruine qui a servi de sépulture aux cholériques de la paroisse, que l'on a enterrés pêle-mêle dans des fosses communes et de la chaux vive. Je pensais que j'étais passé plusieurs fois par ce même chemin avec Ranieri qui était loin de se douter qu'il devait y trouver sa dernière

demeure. Connaître l'avenir serait, certes, au-
dessus des forces humaines !

« Le télégraphe nous a appris hier la mort de
Lord Palmerston. Il est passé du pouvoir à la
tombe. Les Anglais le regrettent avec raison ;
c'était leur homme d'état le plus national ; les
étrangers, par la même raison, n'ont pas à le pleurer. Toutefois, quant à moi, je vois toujours
avec un certain regret disparaître les acteurs qui
ont figuré si longtemps sur la scène. C'est comme
un monument qui s'écroule dans une perspective
à laquelle on était habitué, c'est aussi une clôture
de plus dans le passé et un nouveau certificat de
la fragilité trop connue des choses de ce monde.

« Le grand évènement de Malte est une affaire
de cloches. L'évêque a prescrit de moins les
sonner, mais la population Maltaise qui tient à
ses sonneries continuelles, n'a pas voulu tenir
compte de l'ordre de l'évêque, plus de deux cents
sonneurs insurgés ont dû être mis pour un mois
en prison, d'où il ne pourront sortir qu'en fournis-
sant une caution de dix livres sterling. Il est
certain que l'on abusait de la sonnerie C'est
assurément un pays tranquille que celui où il n'y

a pas d'autres causes de désordre ; mais cet excès de tranquillité de Malte finit par peser. C'est plutôt la mort que le calme, tant la vie est dépourvue de tout mouvement et intérêt. Nous allons maintenant avec Madeleine, tous les jours en ville en bateau et revenons à pied, cela nous fait passer une partie de l'après-midi et prendre un peu d'exercice. Quand nous voyons partir un bateau, nous disons : Quand sera-ce notre tour ?

« Cependant, l'autre jour, Madeleine et moi, nous pouvions chanter « Quel plaisir d'aller à la noce ! » car nous sommes partis de la maison à deux heures et demie du matin pour aller assister à Saint-Jean, au mariage de M. Barthet, qui a eu lieu à quatre heures. Les Barthet sont une des deux ou trois familles françaises établies à Malte ; ce sont de très braves gens. Ils nous ont ensuite emmenés à la Piétà, dans leur maison de campagne, où nous avons attendu avec une vingtaine de personnes dont se composait la noce, le lever de l'aurore et pris du chocolat ; puis nous sommes montés en voiture, il y en avait huit, pour nous rendre tous au palais de Verdallà, au-dela de Citta-Vecchia. Il s'y trouve quelques platanes actuellement sans feuilles et une fontaine d'eau limpide avec des poissons rouges, qui font de ce lieu une des merveilles de Malte, où il ne faut pas être difficile en fait de merveilles. Un dîner somptueux nous attendait à midi à la Piétà, il a duré quatre heures, et ensuite on est remonté dans les voitures pour aller à San-Antonio. Enfin Madeleine et moi nous avons fini par rentrer à la maison après quinze heures d'absence ; le quart du temps qu'il faut pour aller de Malte à Marseille. »

22 Décembre 1865.

« Ma dernière lettre est partie par un temps affreux. Le ciel était si sombre qu'à midi on ne pouvait pas lire à quelques pas de la fenêtre, et la mer était blanche d'écume jusqu'à l'horizon, sous une voûte d'un noir d'encre que sillonnaient les éclairs. Le mauvais temps est particulièrement terrible pour nous, parce qu'il nous prive de notre seul passe-temps et de notre unique distraction, la promenade.

« Nous faisons un grandissime extra lundi; nous

allons au bal avec Madeleine. C'est sir Victor Houlton, le secrétaire général du gouverneur qui le donne. Lady Houlton et lui nous ont tant prié d'y venir et de si bonne grâce, que je me suis laissé attendrir, et peut être ai-je eu tort, car Madeleine en a la tête montée et elle a des dispositions tellement mondaines que nous regrettons de lui laisser même entrevoir le monde. Nous craignons qu'elle garde un souvenir trop vif du 1er Janvier 1866 et n'en trouve plus triste la vie sévère et casanière que nous menons. Elle sera toute habillée en blanc, une robe de tarlane et des jasmins pour coiffure. Quant à Alphonsine elle va mettre une robe que les enfants n'aiment pas, parce qu'elle est jaune ; ils disent que c'est une robe de quarantaine. »

3 Janvier 1865.

« Madeleine conservera sans doute le souvenir de ce premier Janvier, c'est la date de son premier bal, qui n'était du reste qu'un extra ; elle est trop jeune pour aller déjà dans le monde. Vous serez cependant bien surpris, je crois, en le voyant, car ses lettres donnent l'idée d'une petite fille, tandis que physiquement elle a l'air d'une personne de dix-huit ans. Sir Victor Houlton, chez qui nous étions au bal, a dansé des quadrilles, et nous sommes repartis à une heure pour regagner notre Sliema.

« J'ai reçu l'exemplaire de l'éloge de mon oncle Alexis, et je trouve que M. Sauzet a parlé avec beaucoup de cœur et de sincère amitié. Le cœur qui gagne comme le sien avec la fâcheuse expérience de la vie est vraiment bon. Les mauvaises natures au contraire se dessèchent. J'espère que nos enfants seront tous de bons cœurs. Ils ont beaucoup de sensibilité. Valentine a bien pleuré l'autre jour en apprenant la mort de son parrain, le comte de Mello, qu'elle ne connaissait cependant pas. Nous comptons qu'elle nous fera aussi honneur auprès de vous tous.

« J'ai une lettre de Lémont qui est actuellement à Livourne, où il se plaît. J'aime à voir le temps améliorer les positions, il devrait toujours s'y croire obligé, en échange des biens éphémères, mais inappréciables qu'il enlève : la jeunesse, tant d'affections, tant d'illusions ! Quant à moi je n'ai rien gagné que des années de service et de me retrouver en contemplation de la Méditerranée, toujours la même — telle la vit le premier jour de la création, telle elle roule encore comme dit Lord Byron de l'Océan. Toutefois le bassin de la Méditerranée a subi de grandes modifications, il paraîtrait même que Malte faisait autre fois partie de l'Afrique, comme le prouveraient d'anciennes ornières dont on peut suivre les traces sous l'eau, tant que la profondeur n'est pas trop grande, et qui correspondent à des vestiges semblables sur le sol africain. »

6 Février 1866.

« Chère mère, comme votre lettre est toujours la première que j'ouvre dans mon courrier, c'est vous qui m'avez appris tout d'abord ma nomination à Palerme, dont nous sommes aussi satisfaits que vous. Le consulat général de Palerme est un des plus beaux d'Europe, et il ne fallait rien moins que l'appui de M. de Lamartine, sortant par bonté de sa réserve, pour nous faire obtenir un poste aussi envié et privilégié. Je lui écris par ce courrier pour le remercier.

« Nous allons ne faire que prendre possession de notre nouveau consulat et nous rendre immédiatement à Paris, où Valentine nous écrit que l'on prépare pour nous la petite Muette (1). Je vais demander l'autorisation de quitter tout de suite Malte. Nous nous occupons de vendre notre mobilier ; son prix et mes frais d'établissement à Palerme me suffiront pour rembourer à M. Sicluma les dix mille francs que le lui dois. Il sera aussi satisfait de les revoir que moi de les lui rendre et de n'avoir plus à demander grâce à ce Xenophon. Je l'appelle ainsi parce qu'il commande aux dix mille ; mais hélas ! il ne bat pas en retraite comme son antique prédesseur.

« Madeleine est allée il y a quelques jours chez un colonel de ses amis, qui faisait jouer la comédie à ses soldats ; elle n'est rentrée qu'à deux heures du matin. Elle était chaperonnée par une

---

(1) On nommait ainsi le chalet de Passy que la ville de Paris avait mis à la disposition de Lamartine, qui ne l'habitait pas encore et où il devait mourir.

personne de notre connaissance ; il parait que le spectacle s'est terminé par un très beau souper. Nous connaissons peu ce colonel, mais il parait un très brave homme, fort aimable. Le soir où nous sommes allés au bal Houlton, il est venu à la maison rien que pour voir Madeleine en toilette. Cette Madeleine deviendrait terriblement mondaine si on lui lachait la bride. Nous croyons que si nous continuions à vivre parmi les Anglais, elle finirait par faire un beau mariage ; quoique sir Henri Storchs parût un de ses plus grands admirateurs, il n'a pas été le seul à la remarquer, et on nous fait à cause d'elle des avances que les Anglais ne font pas facilement d'ordinaire. Nous avons fait aussi un petit extra qui a consisté dans un lunch que nous a offert un jeune officier, le capitaine Goff, qui voulait nous faire admirer la belle vue que l'on a de sa maison. Il habite une espèce de tour, où il n'existe qu'une chambre par étage, comme il y a plusieurs chambres son salon est fort haut perché. Nous avons trouvé dans ce salon mieux encore que la perspective, c'est à dire un bon feu, qui est toujours pour nous une jouissance extrême. Le capitaine Goff n'a pas trente ans, mais il a déjà tenu garnison à Ceylan et couru le monde; aussi est-il beaucoup plus mûr que son âge. Son lunch se composait d'un potage, de côtelettes aux épinards, de pommes de terre et de petits pois bouillis, d'une dinde, d'un jambon et de deux plats sucrés; c'était comme un diner, et nous n'avons pu faire honneur au nôtre en rentrant, d'autant plus que la cuisine de notre bossu nécessite un grand appétit. M. Goff a une passion contrariée pour une jeune fille que nous avons connue ici, mais qui en est repartie. Sa mère et elle désirent ce mariage; seulement le père ne veut pas y consentir; sa fille est un bon parti, et elle est charmante (1).

« L'article du « Petit Journal » que vous m'avez envoyé m'a assez diverti pour ce qui me concerne. M. Page qui me donne pour un véritable écrivain, ne se doute pas qu'il n'y a qu'à peine un an que j'étudie la grammaire, pour l'apprendre à Henri, et à peine six mois que je commence à y comprendre quelque chose. Toutes mes correspondances officielles jusqu'à ces derniers temps

(1) Elle devint Mme Goff.

19

ont été écrites en style nègre, avec abus d'infini-
tifs et répétitions de noms, par faute de savoir
manier les modes, les temps et les pronoms.
Bastide même en a été effrayé en 1848, et Mme de
Lamartine a dû m'en écrire. Nous avons reçu sa
lettre, je m'en souviens, le jour d'une bien jolie
promenade, où nos chevaux, que nous montions
et dont nous étions descendus près du couvent
de San Pierrino dans la « valle Benedetta », se
sont échappés et sont arrivés au grand galop ;
nous n'avons eu que le temps, Alphonsine et
moi, de nous réfugier dans un taillis pour ne pas
être renversés par eux. Quoi qu'il en soit de mes
talents d'écrivain, je vais toutefois écrire à M. Page
pour le remercier de la bonne opinion qu'il en a
émise.

« Valentine nous écrit qu'à la première représentation de « Fior d'Aliza » à l'Opéra Comique
M. de Lamartine a été très bien accueilli par le
public et que lorsqu'il sortait du théâtre tout le
monde ôtait son chapeau. Ils avaient dans leur
loge Mme Papudoff toute couverte de diamants,
qui éclipsait Valentine à ce qu'elle dit. M. de
Lamartine est admirateur de Mme Papudoff, que

nous avons connue à Livourne, où sa belle-sœur habite ; elle venait d'Odessa ; elle a une beauté d'odalisque, qu'elle rehausse par les plus riches parures. »

Quelques jours plus tard. M. et Mme de Jussieu de Senevier et leurs enfants quittaient Malte et en partaient sans regrets. Ils s'en allaient une fois de plus vers une nouvelle résidence qui leur paraissait devoir être d'autant plus agréable que les années passées à Malte avaient été déprimantes et monotones, — années faisant partie d'un passé sur lequel, plus tard, leur pensée ne reviendra qu'avec un déchirement de cœur inexprimable « Connaitre l'avenir serait au dessus des forces humaines ! »

Ils s'arrêtèrent une dizaine de jours à Palerme, et là une triste dépêche atteignit le nouveau consul et lui apprit la mort de son père......

Cette mort assombrit cruellement la joie du retour à Paris, où nos voyageurs ne tardèrent pas à arriver, et où ils reçurent un accueil des plus tendres. Ils s'établirent à la Petite Muette, mise à leur disposition par Lamartine qui habitait encore rue la Ville l'Évêque avec sa nièce Valentine, qu'il avait adoptée légalement comme sa fille. On peut s'imaginer combien fut douce cette réunion de famille, qui compensait par quelques rapides instants de bonheur la tristesse des longues séparations. Mme de Challié se trouvait aussi à Passy, chez sa mère, et jouissait avec elle du proche voisinage de la petite Muette.

Nous pourrions terminer la publication de cette correspondance par l'impression des jours heureux qui suivirent l'arrivée à Paris, et ne pas continuer un récit qui ne contient plus guère que des pages douloureuses. Mais ce serait enlever à celui qui les a écrites ou ressenties tout le mérite, la grandeur et l'élévation dont son âme fit preuve dans la douleur. Aussi nous allons transcrire encore quelques lettres, presque toutes sinistrement encadrées de noir, lettres poignantes, déchirantes ; tout un héritage de deuil, qui est le témoignage émouvant d'une des plus navrantes épreuves qu'il soit sur terre. Mais d'abord il convient de mieux faire connaître Madeleine dont il a été déjà si souvent question dans les lettres de son père.

Belle comme le jour, Madeleine à quinze ans

atteignait, en vraie fille du midi, un développement précoce, inconnu dans les pays du nord et paraissait avoir trois ou quatre avis de plus que son âge. Elevée sans aucune sévérité, dans une grande indépendance, que contrariaient seules quelques leçons qu'elle subissait sans s'y intéresser, elle n'était guère savante ; l'esprit lui tenait lieu de science ; et comme elle était extrêmement gentille et délicieuse à regarder, on l'admirait sans restriction. Lamartine fut tout de suite charmé par cette petite nièce qui arrivait dans sa sombre demeure comme un rayon de soleil pendant l'orage. Elle eut ses derniers sourires. Valentine de Lamartine prise d'une tendresse sans borne pour la fille de sa sœur préférée, car elle était particulièrement liée avec la mère de Madeleine, employa tous ses dons de séduction, qui étaient grands, pour se l'attacher. Elle y réussit complètement, et une circonstance particulière permit que, pendant tout le temps que la jeune fille passa à Paris, elle l'eût auprès d'elle, parce que Madeleine lui fut confiée par ses parents, pour la soustraire à la rougeole qui sévissait à la petite Muette et dont ses frères et sœur étaient atteints.

Madeleine, installée rue de la Ville l'Évêque, fut choyée, admirée, adulée par Lamartine, sa nièce, et les amis fidèles-amis de la dernière heure —, nombreux encore, qui entouraient le poète. Valentine de Lamartine heureuse de la distraction apportée à son oncle par cette jolie enfant, de plus en plus affectionnée à elle, rêvait de ne plus s'en séparer ; aussi quand le moment de retourner à Palerme arriva, elle demanda instamment à garder Madeleine à Paris ; mais malgré ses instances et celles mêmes de Lamartine, les parents de la jeune fille ne purent se résoudre à un pareil sacrifice, d'autant plus que leur fille ne paraissait pas tenir à rester ; en proie à l'amour du changement, elle désirait connaître cette Sicile merveilleuse, qu'elle n'avait fait qu'entrevoir et dont son père lui promettait monts et merveille ; après maintes promesses de revenir bientôt, Madeleine s'en alla vers sa destinée.

Deux lettres nous renseignent sur les premières semaines à Palerme.

Palerme, 3 Septembre 1866.

« Chère mère, j'ai répondu à toutes vos lettres.

Je ne puis avoir mieux que Palerme. Je ne connais aucune résidence aussi belle, ni un climat plus charmant ; la brise est si constante qu'on ne s'aperçoit pas de la chaleur, et cet hémicycle de montagnes qui entoure la ville et se prolonge dans la mer compose un paysage unique. Il faudra que vous veniez nous voir l'année prochaine ; j'irai vous chercher à Marseille et vous ramènerai.

Nous avons à peu près terminé notre installation et nous sommes presqu'entièrement débarrassés des ouvriers. Le consul de Russie habite au-dessus de nous, et au-dessus de lui logent les Braquehais (1). Notre maison est, comme vous voyez, essentiellement consulaire.

« Nous avons dîné chez nos propriétaires, les Cataliotti, qui sont d'agréables gens. Mme Catalioti est une jeune femme de vingt-sept ans, qui a été élevée à St Petersbourg, qu'elle préfère de beaucoup à Palerme. Le mari de Mme Cataliotti est obligé d'aller très souvent à la chasse des brigands avec la garde nationale. Mais ceux-ci sont toujours assez avisés pour ne pas se laisser surprendre ;

____

(1) M. Braquehais était le chancelier du consulat de France.

aussi ces grandes patrouilles de cent cinquante à deux cents hommes rentrent-elles le matin après avoir battu les environs sans avoir rien trouvé. Les brigands cependant ne sont pas une chimère, mais une réalité pleine d'actualité.

« J'ai toujours la tête farcie d'affaires et les doigts fatigués de griffonnage. Je ne vous écrirai donc pas longuement aujourd'hui. »

23 Septembre 1866.

« Chère mère, les brigands, très nombreux dans les campagnes. se sont emparés de la ville la nuit du quinze au seize, ou du moins ils ont occupé, au nombre de quelques centaines, de fortes posi-tions. La garde nationale n'a pas osé marcher contre eux; ils ont d'abord attaqué la prison pour délivrer leurs parents et amis, sans réussir à y pénè-trer parcequ'on y avait réuni, ainsi qu'à la banque, presque toutes les troupes disponibles. Mais cette tentative de brigandage avait une portée plus sérieuse, à laquelle sa répression immédiate pouvait seule mettre obstacle; elle était, probablement sans le savoir un essai du terrain pour une tentative Bourbonniene, qui s'est aussitôt développée.

Vingt quatre mille insurgés se sont bientôt trouvés sous les armes, en présence d'une force à peine de douze cents hommes. Le combat a commencé dimanche matin, terrible, acharné, et a duré jusqu'à vendredi, grâce aux renforts qui arrivaient successivement. Nous avons reçu pour notre part un boulet de 24, qui a pénétré dans notre salon; Madeleine se l'est approprié et veut toujours l'emporter avec elle, quitte à nous faire payer en voyage un excédent de bagages, plus un obus, et enfin une même monnaie de balles et de mitrailles.

« Notre maison est pleine de monde ; nous avons eu trente neuf personnes à loger et à nourrir dans un moment où il était presqu'impossible de se procurer des vivres. Parmi nos hôtes, sont quatorze sœurs de charité qui ne sont pas embarrassantes : elles s'arrangent de tout. La paix est enfin rétablie depuis hier matin et je me félicite d'y avoir contribué, ayant passé la nuit de vendredi à samedi, avec les autorités, et à démontrer d'autre part aux insurgés la folie et l'inutilité de prolonger la lutte (1). »

(1) Les insurgés avaient choisi le consul de France comme médiateur. Ils étaient venus le chercher à cet effet au milieu de la nuit, pour qu'il allât parler pour eux aux autorités.

Cette insurrection venait à peine de se terminer que le choléra se déclara subitement à Palerme avec une violence inouïe. Madeleine fut parmi les premières victimes. Elle succomba après deux jours de maladie ; un moment on la crut sauvée ; puis survint une nouvelle crise qui l'emporta en quelques heures. Elle mourut le 2 Octobre de cette année de 1866, qui avait débuté pour elle, si brillamment, par son premier bal.

La correspondance de son père à sa grand-mère est brusquement terminée par la lettre transcrite ci-dessus. Nous ne possédons plus que des lettres écrites quatre mois plus tard et qui sont adressées à Mme de Challié après la mort de sa mère, qui suivit de près celle de Madeleine.

La disparition de cette enfant fut une douleur cruelle non seulement pour ses parents, mais pour toute sa famille. Des lettres émouvantes survivent à tous ceux qui les ont écrites il y a déjà si longtemps, prouvent l'impression profonde qu'avait produite la jeune fille lors de son passage à Paris et combien elle avait su se faire aimer. Dernier sourire de Lamartine, elle fut aussi cause des dernières larmes qu'il versa.

« Mon Oncle » écrivait Mme de Pierreclos à la pauvre mère de Madeleine, « a été frappé par ce coup comme jamais je ne l'avais vu ; il en a été vraiment terrifié ; il ne s'en relève pas. Elle était venue à son foyer rayonner et resplendir, comme pour se faire plus regretter en se faisant connaître. Elle restera pour tous comme une apparition d'ange, une vision céleste. Hélas ! ma pauvre Chère bien aimée, que te dire ? si ce n'est que nos cœurs, nos pensées sont avec toi, que nous ne vivons plus que ta triste vie. Mon Dieu ! avoir tant à craindre et à regretter, c'est trop ! Que te dire quand on parle seulement avec larmes ? Je pleure avec toi ce pauvre ange, comme si c'était la fille de mes entrailles Je ne puis me résigner à la pensée qu'elle est perdue pour nous, que nos yeux ne seront plus jamais charmés par tant de beauté, de grâce dans la simplicité et de naturel ; que celle qui n'avait qu'à paraître pour se faire aimer, pour laisser sa trace lumineuse dans le regard et le souvenir est disparue.... nos sœurs, ses cousines, ne cessent de pleurer ; tous les domestiques sont consternés ; ceux-mêmes qui n'ont fait que l'apercevoir ne l'oublieront jamais. M. de Ronchaud, arrivé avant-hier, ne pouvait comprendre toutes les paysannes de Collonges et de Prissé l'arrêtant pour en parler avec larmes. Dieu s'est chargé de son bonheur ; ne nous affligeons donc pas comme ceux qui n'ont pas d'espérance, puisque nous savons qu'on ne se sépare que pour se retrouver. Elle est avec sa sainte grand'-mère (1), mon bien aimé mari, tous ces êtres chéris trop parfaits pour la terre... »

« Mon oncle, » écrivait aussi Mme de Beer, « est mieux, mais jamais je ne l'ai vu pleurer et sangloter comme il l'a fait, quand il a appris votre grand malheur. Elle avait su se faire adorer !

Quant à Valentine de Lamartine, sa douleur était intense ; sans cesse sa pensée revenait au souvenir des jours passés avec Madeleine. Un mois après sa mort, appelée à Paris pour une affaire, elle laisse déborder son cœur en écrivant à sa sœur si éprouvée.

« Je me suis installée dans la chambre de mon oncle pour être plus près de Louise (2) et lui évi-

(1) Mme de Cessiat.
(2) Une vieille femme de chambre, qui avait élevé Mlles de Cessiat.

ter de monter. J'y mange, j'y dors, et surtout j'y pleure. Pauvre chère enfant! je retrouve, et je cherche son souvenir à chaque pas. J'aime la chambre qu'elle habitait, je vais à tout moment revoir le lit où je l'ai vue dormir pour la dernière fois; elle a consacré pour moi cette petite maison, où je me suis sentie si mère, et de pleurer est comme une consolation. Aussi excepté mon oncle dont le temps me dure, je ne suis pas fâchée d'avoir ces jours de recueillement, où mon oncle, toi et elle, êtes toutes ma pensée. J'aime bien toutes mes sœurs; elles sont toutes si bonnes pour moi! mais quand on se sent navrée jusqu'à la moelle, tout ce monde, ce mouvement fatiguent. Elles ont heureusement des enfants, des intérêts, une vie enfin, malgré leur douleur qui est aussi vive que possible. Mais moi, je me sens maintenant sans avenir, sans enfant, et j'ai besoin de pleurer comme toi, avec toi, et sur toi, car ta pensée ne me quitte pas, et je m'inquiète tant! J'ai si peur que tu ne te soignes pas, ce qui serait manquer à Dieu et à elle. Tu as de si grands devoirs dans ce monde, des enfants dignes de lui ressembler, ton mari, et je ne te parle pas

de moi, qui t'aime de toutes les forces de mon
âme.

Ces craintes étaient vaines. Devant la grandeur de l'épreuve qui atteignait sa sœur, Valentine de Lamartine oubliait que celle-ci possédait
une âme à la hauteur du sacrifice que Dieu lui
imposait. Ah! certes une sensibilité extrême lui
faisait ressentir doublement les douleurs morales,
mais elle les subissait avec le même courage
stoïque et silencieux que les douleurs physiques.
Elle préférait se taire que parler de ses impressions. Après avoir perdu Madeleine, elle ne pro-
nonça plus jamais son nom — pas une seule fois
— et ce silence était bien plus impressionnant
que le souvenir sur lequel on revient souvent et
par cela même légèrement; sa persistance prouva
qu'elle ne s'était jamais consolée.

Madeleine fut enterrée dans un cimetière qui
appartient au couvent des capucins, nommé Santa
Maria Gesü. L'église a son entrée sur l'enclos
parsemé de tombes qui sont pour la plupart de
simples dalles de pierre. Les cyprès étendent leur
ombre azurée sur le terrain couvert d'herbe et

les rosiers qui les entourent jonchent le sol des pétales, que la brise parfumée par les orangers et les citronniers enlève aux roses trop épanouies. Les murs blancs du couvent se détachent au milieu des arbres sombres, au bas d'une montagne aride comme toutes celles qui environnent Palerme. Sur toute cette nature le soleil répand une lumière éclatante, ardente, rayonnante d'or et de pourpre, d'une splendeur incomparable, qui donne une impression de vie surabondante, éternelle, et magnifique à ce lieu de mort, et écarte la tristesse pour en faire le dernier asile du repos et du silence avant la résurrection. Aucun des visiteurs de ce poétique cimetière ne doit plus maintenant connaitre le nom écrit sur la dalle qui recouvre la tombe de Madeleine. Peuvent-ils même encore le lire ? Et s'ils y parviennent, ils doivent répéter, sans s'en douter, à une variante près, les vers du poète :

Quinze ans, c'est bien tôt pour mourir.

L'hiver qui suivit cet automne terrible, pendant lequel le choléra ravagea la Sicile, fut adouci pour les malheureux parents de Madeleine, par la présence de Mme de Pierreclos, qui vint auprès de sa sœur pour la consoler. C'était un grand cœur que celui d'Alix de Pierreclos ; elle n'hésita pas à venir dans une maison en deuil, dans une ville contaminée, éloignée de son pays, de sa famille, de ses relations, pour apporter un peu de diversion, de soutien et beaucoup de consolation à ceux des siens qui souffraient. Elle resta à Palerme jusqu'au milieu du mois d'avril, et quand elle en repartit, elle voulut bien prendre sous sa garde, pour l'été suivant, les enfants de sa sœur. Une nouvelle épidémie étant à craindre — et en effet elle eut lieu — et leurs parents éprouvaient un véritable soulagement à les soustraire à un danger qui n'était que trop réel.

Les lettres qui suivent ne sont plus d'un fils à sa mère, le lien si tendre qui les unissait était aussi brisé par la mort.

C'est Mme de Challié qui devient la confidente de son frère.

12 Mars 1867.

« Ma chère Laure, je comprends combien tu

LAURE DE CHALLIÉ

dois souffrir en te promenant dans tous ces lieux si vivants des souvenirs de notre mère qui n'est plus. Les choses matérielles et la nature sont d'une implacabilité parfois stupide. Je ne pouvais manquer de répondre à Mme de Vernéde ; l'expérience de la vie nous fait connaître tout le prix des véritables amitiés ; elles constituent une sorte de famille secondaire que l'on a souvent le tort de ne pas avoir assez apprécié lorsqu'on était en possession d'êtres dont l'affection suffisait entièrement. Il y a toujours un certain égoïsme dans les grands attachements même les plus purs et les plus légitimes ; on se sent porté à faire bande à part. Le cœur s'élargit lorsqu'il devient vide de ce qui le concentrait. Il faut croire que c'est pour notre plus grand bien à tous, vivants et morts que de si grandes peines nous sont envoyées. Quelques unes étaient inévitables dans peu d'années bien vite passées, mais Madeleine par exemple était destinée à nous survivre. La présence d'Alix oblige Alphonsine à sortir un peu ; et bien que nous évitions les endroits où il y a du monde, Alphonsine trouve dans ces promenades quelque distraction et l'air et le mouvement lui sont salutaires. Nous revoyons des chemins parcourus une seule fois avec Madeleine et nous avons sans cesse sous les yeux le couvent de Santo Maria di Gesu, où elle repose et dont la masse blanche se détache toujours sur un point des perspectives au pied du Mont Griffone. Il est difficile d'être dans un moment de la vie plus navrant que celui que nous traversons. Il me reste à jamais un profond regret de Madeleine ; mais qui sait si elle eût été heureuse. J'ai rêvé qu'elle avait épousé à Malte un officier Anglais qui l'avait menée aux Indes, où il était mort et d'où elle était revenue sans le sol avec plusieurs enfants. Il y a pire dans la vie que la mort, par laquelle d'ailleurs il faut toujours passer.

Il y aura demain un an que nous partions d'ici pour la France. Je pensais que la mort de mon père avait satisfait pour longtemps à la loi d'affliction. Je n'oublierai jamais mon arrivée chez notre mère le soir, sur les neuf heures. Notre mère était seule assise près d'une table, lisant à la lumière d'une petite lampe. Je ne puis te dire combien j'ai admiré pendant les derniers mois que j'ai passés avec elle son énergie, son dévouement, sa résignation et le culte qu'elle gardait à la mémoire de notre père. J'aurais dû lui exprimer tout le tendre respect dont me pénétrait cette noble continuation de son admirable conduite, au lieu de me laisser trop souvent entraîner à sottement discuter avec elle. Je me souviens de nos adieux que j'étais loin de croire si sérieux. Je ne pensais pas davantage conduire Madeleine à la mort; si je me faisais tes imaginations, je pourrais me reprocher de ne l'avoir pas laissée auprès de M. de Lamartine et de Valentine, qui demandaient à la garder ; mais on ne peut rien contre la Providence, qui pouvait nous traiter encore beaucoup plus sévèrement en nous privant de cette dernière réunion de famille.

Palerme, 2 Août 1867.

« Le choléra semble vouloir nous mener rondement; les épidémies de Paris ne sont que des simulacres en comparaison de celles de Sicile. L'autre jour en me levant, la première chose que j'ai vue, a été mes voisins d'en face frictionnant des cholériques qui sont morts tous deux. Le premier commis du consulat vient de perdre son fils âgé de vingt ans que j'avais vu la veille dans ma chancellerie ; la femme et la fille de l'entrepreneur du gaz, qui est un français, sont mortes toutes les deux en quelques heures, la fille allait faire un mariage aristocratique, grâce à son argent, et j'enviais bien ses parents qui avaient pu la soustraire à l'épidémie qui nous avait pris Madeleine. Maintenant il ne reste plus que le père bien plus à plaindre que moi, puisqu'en outre de sa fille il a perdu sa femme. Quel soulagement nous éprouverons de France, après nous être tirés à force de régime et de prudence, si Dieu le permet, de cette affreuse épidémie. Nous comptons les jours et les nuits, chacun étant une conquête de la vie sur la mort.

« Nous n'avons plus, heureusement, nos enfants près de nous ; mais c'est dur, et nous sommes fatigués, moi surtout, car Alphonsine a un courage qui distance de beaucoup le mien. Nous sommes pour le moment de 350 à 400 cas par jour, et après de deux cents décès ; il est difficile de connaitre exactement ces derniers, parce que dans la basse classe on cache souvent les morts pour soustraire leurs effets aux mesures sanitaires, comme le prouvent les découvertes que l'on fait de cadavres dans les réduits des maisons, les jardins, et les champs.

« La vraie poésie se trouve, comme tu le dis, dans le cours ordinaire de la vie, autant que dans ses sinistres émotions. Elle est de meilleur aloi dans les meules mouillées et dans les guérets détrempés de Gaultret (1) que dans nos brigands et dans nos furieux choléras. La chaleur fatigue assez Alphonsine ; quant à moi, elle me plaît, ainsi que les teintes chaudes, pures, ces belles nuances énivrées et bleues du ciel.

« Je compte bien te consacrer tout le temps de mon séjour en France. Je n'irai pas à Mâcon, j'aime mieux conserver de M. de Lamartine mes impressions intactes que de le revoir tel que je craindrais de le retrouver. Je n'aimerais de long-temps revoir Paris, ni Mâcon. Gaultret c'est tout différent.

« Nous passons notre temps à lire et à travailler. Je m'occupe de mes affaires et Alphonsine

(1) Mme de Challié faisait alors un séjour au château de Gaultret, chez la Comtesse de Limiers, sa belle-sœur.

vient de terminer une nappe d'autel pour la chapelle des sœurs de charité de l'hopital militaire. J'allais, l'année passée à cette époque, me promener dans le jardin de la Flora, où je jouissais de cette triple splendeur des grands arbres touffus, d'un soleil équatorial et d'un ciel d'indigo, sans compter un immense orchestre de cigales. J'ai même décrit à notre mère tout cet ensemble qui me plaisait beaucoup ; il est encore là tout près de moi, dans les mêmes conditions, mais moi je suis changé, et assis sur le banc où je me reposais, je ne pourrais plus me livrer qu'à de tristes pensées ; il n'y a pas jusqu'au petit chien de Madeleine, Darling qui m'accompagnait malgré moi, à mon grand ennui, qui maintenant me manquerait, il a fallu l'empoisonner ; Madeleine en a bien pleuré. Je reste à la maison.

« Il faut espérer que Dieu ne nous accablera pas davantage et nous tiendra compte, au contraire, des grands chagrins qu'il nous a envoyés, en les faisant fructifier pour nous en toutes sortes de biens. Le passé, d'ailleurs, est aussi réel que le présent et l'avenir ; ce sont trois phases n'en faisant qu'une dans le court ensemble de la vie ; pourquoi tant préférer celui-là, si souvent agité, et celui-ci, toujours un peu menaçant, au premier qui, peu à peu, se dépouille de ses aspérités, pour s'offrir à nous sous un aspect certainement mélancolique, mais non sans charme et plein d'enseignement ? »

Imprimeries MONCE et Cie,
6, rue Houzeau-Muiron, REIMS.